子どもの幸せを一番に考えるのをやめなさい

陰山英男

SB新書
546

はじめに――子どもの幸せは、親が幸せになって初めてかなう

幸福のタネはそこここにある

今の日本、なぜか先行きが暗いように語られていますが、私はそれが不思議です。客観的に見れば、今ほど個人の可能性が広がりやすい時代はないからです。私たちの手元にチャンスは満ち溢《あふ》れています。私には、人生これからという人たちが羨ましくて仕方ありません。

例えば、デフレが問題と言われますが、昔はいい服は高く、安いものはそれなりでした。しかし、今は安価で良質な服が手軽に買えるようになりました。しかも店舗に行かずとも、オンラインでいろんな服が選べます。住まいも空き部屋が増え、贅沢《ぜいたく》さえ言わなければ格安の住まいはたくさんあります。在宅での仕事が可能な場合、都心

に住む必要はありません。贅沢品だった車も上質の中古車が格安で手に入るようになっています。ホテルも飛行機も列車もスマホで予約できます。しかも格安なものがたくさんあります。旅も手軽に行ける時代なのです。

外食や持ち帰り弁当も、栄養バランスが悪いなど問題はあるものの、とりあえず何百円かで十分においしい食事ができます。しかもよほどの過疎地でない限り、コンビニが全国均一で食品をはじめ様々なサービスを提供してくれます。ＡＴＭはいつでも使えますし、デジタルで支払いもできます。音楽は格安で聞き放題。楽器が弾けなくても音楽が作れます。

とはいえ、「確かに世の中は便利になったかもしれないが、自分は思うような収入が得られず生活が苦しい」と嘆く方もいるでしょう。それならそこから抜け出す道を探すだけのことです。今や中学生や高校生でも、驚くほど収入を得ている者がいます。つまり幸福のタネはそここに必ずあるのです。自分の生き方を見直し、希望を持って自分でそれを探そうとすれば、きっと見つかるはずです。

知識を得たいと思えば、昔は書店を回って関連雑誌や書籍を探す必要がありましたが、今はインターネットで検索すればだいたいの知識は得られます。あとは必要に応じて本をネットで購入しても構いませんし、電子書籍でよければすぐに読めます。電子書籍ならば定額料金で読み放題のサービスもありますし、料理の仕方や家電の操作方法など、何か困ったことがあってもYouTubeで検索すれば、動画付きでそのやり方を教えてくれます。しかも超高速です。SNSでは著名人とも簡単につながり、いろいろと教えてもらうことができます。私もTwitterやYouTubeで情報発信していますが、この情報を使い、劇的に子どもを伸ばした方はたくさんいます。

一方、SNSは批判も出やすく、いじめもあります。でもそれ以上に応援団もたくさん出てきます。今はブロックなど批判やいじめをかわす方法もありますから、要は接し方の問題です。私自身、批判が激しかったとき、頼りになったのは、身近な仲間たちとネット上で応援してくれた見知らぬお母さん方でした。そして今は、SNSは飛躍的に発展し、通勤途中でも見知らぬ人と会話しながら情報交換できる時代です。自分を伸ばすチャンスは、ネット上にも無限に広がっているのです。

しかもこれらは基本的にすべて無料、または安価です。こんな環境が整ったことは人類史上かつてなかったことで、ほんの10年前ですら、これらの多くは存在しなかったか生まれたばかりでした。今やネットを使い、株式も不動産も暗号通貨もスマホで取引できます。オンラインで英語を練習しておくと、コロナ禍が終われば、格安航空券で海外に飛躍できます。こういったことを学べばいいのです。

今すぐ心配グセを止め、勉強し、挑戦しよう！

ところが、こんなに素晴らしい時代を迎えているのに、今の多くの日本人は不安を抱え、あれこれと心配ばかりしています。私からすると、まるで心配したくて仕方ないように。そしてその心配につけこむ人まで現れてきて、なくてもいい混乱も起きています。ではどうすればいいのでしょうか。それは心配を止めることです。そして、誰かに頼ることを止め、勉強し、挑戦し、この世に満ちるチャンスを自分のものにすることです。

子どものためにやりたいことを我慢するなんて馬鹿げています。子どものためにこ

そ、自分にこだわり、成功し、幸せのモデルを示すことです。新たな挑戦には、それを抑え込もうとする力が強く働くのも事実です。そしてその時、常識というものが武器として使われます。けれども、常識とは、多数派の勝手な思い込み、またはフィクションによる罠《わな》でしかありません。**失敗なんてありません。うまく行かないときは、そこに道がなかっただけのこと**です。**諦めない限り、必ず道は開けますし、応援してくれる人は現れます。**

子どもの幸せを願わない親はいません。それなら親が今すぐやるべきことは一つ。まずは、親自身が幸せになることです。

本書では、子どもが自力で生き抜き、幸せな未来をつかむために親がすべきこと、親自身が幸せになるための指針をまとめました。この本は、みなさんへの激励の本です。どうかこの本を通じて、挑戦を始め、幸せをつかんでください。

2021年　初夏

陰山英男

子どもの幸せを一番に考えるのをやめなさい　目次

3カ条　子育てでは壮大なストーリーを描け！

4カ条 道徳をうのみにするべからず。道徳は知って、破れ！

5カ条 読め、メモれ、筋トレせよ

6カ条　苦しいときにもがいて得たものこそ本物だ

7カ条　人生は「傾向・対策・全集中」でうまくいく

8カ条 非現実を妄想せよ、現実は後からついてくる

9カ条 節約するな、借金せよ

10カ条 貴重なのはお金ではない、時間だ

13カ条 心配するな。楽天的であれ！
——子育ての最終結論

1カ条

親がときめいてこそ子どもの未来は開ける

◎子どもの可能性を伸ばす一番大事な時期は3～10歳

先日、私の知り合いのお母さんが訪ねてこられ、お子さんの進路について相談を受けました。まずその話から始めましょう。

進路の選択は子どもの将来の方向性に大きな影響を与えます。人生の分岐点になることもあり、親にとってはもちろん、その子を預かる教師にとっても非常に悩ましく難しい問題です。

最近は「子どもの希望を第一に考えたい」「子どもの意向を尊重したい」と話す親が多いようですが、進路決定という難しい選択を子どもの判断に委ねてしまってよいものか私には疑問です。

「子どもがそうしたいと言っているから」という理由で子どもの希望をそのまま受け入れるのは、賢明な進路指導とは言えないと思います。

その生徒を仮にA子さんとしましょう。A子さんのお母さんは、小学校入学と同時に書店でも販売している私のドリルを使って、A子さんに学習させていました。基本的な考え方としては、受験のテクニックを教えるような学習方法ではなく、教育の本質である学力や思考力の向上に力を入れる方法を探しておられて、そうこうするうちにたまたま私の学習メソッドに出合い、「これだ！」ということで始められたのです。

始めたあとはぐんぐん伸びて、小学4年生の学年末の時点で6年生までのカリキュラムをほぼ終えていました。

子どもの可能性を最大限に広げよう、伸ばそうと考えたとき、一番大事な時期は3～10歳です。10歳ぐらいになると、自分の成績を周りの子と比べて「自分はできない」と思い込んでやる気をなくしてしまうことがあります。よくいわれる「10歳の壁」です。

確かにそういうものはあって、その証拠に、小学校入学直後の子どもたちの状況を把握して小学6年生のときにどんな形で卒業するかを予測しても、ほぼ外れるのです。ところが、小学3年生の半ばから終わりの頃に卒業時にどうなっているかを予測すると、8割程度、予測したとおりになります。

つまり、小1～小3でとりあえず型、あるいは枠組みのようなものが子どもの中にできます。そこに例えば「算数は苦手だ」というようなデータが入っていると、「10歳の壁」でもろにそれが表に出てきてしまうのです。逆にいうと、小1～小3の段階、中でも一番重要なのが幼児教育から初等教育への移行過程にある小学1年生ですが、この小学校低学年の段階でしっかり鍛えておけば、子どもたちは「壁」にぶつかることなくいくらでも伸びていきます。

実際、私の塾で低学年のうちに小5、小6のレベルまで学習した子どもたちは相当高いレベルでそれをクリアしていくのです。

これを可能にするのが「陰山メソッド」です。

陰山メソッドと聞くと、真っ先に「百ます計算」(縦横に10ずつ全部で100のますに、縦10個、横10個の数字の足し算、引き算、掛け算をやっていくもの)を思い浮かべる方が多いかもしれません。また、反復練習によって基礎基本を身につけさせるのが陰山メソッドだというイメージをお持ちの方もいらっしゃるでしょう。でも、これはちょっと違います。

陰山メソッドとは、家庭で生活習慣の改善に取り組んでもらい、学習面では読み書き計算の徹底反復によって基礎基本の力と集中力を養い、それをベースに応用力を高めていくというものです。

基礎基本を徹底してマスターすると、実はそれが土台となって「基礎基本を自在に使いこなす応用力」が身につきます。この応用力の育成まで視野に入れて指導するところに陰山メソッドの強みがあるのです。

では、基礎基本を徹底するとなぜ応用力が身につくのでしょうか。それは子どもの脳をフル回転させ脳をパワー全開の状態にもっていくと、脳の情報処理速度が高速化するからです。

自動車でたとえるなら１０００ccのエンジンを６０００ccにするようなものです。コンピュータならCPUを最新性能のものに取り替えようということです。これをやると、小学校レベルの内容は簡単に分かるようになります。その結果、余力が生まれるわけです。

◎親のときめきが、子どもにポジティブなエネルギーを与える

A子さんもそうでした。余力ができてきたので、囲碁をやらせたらどうだろうかということで、家の近くの囲碁会館で囲碁を習わせたのです。すると、小2から始めて、小4で周囲がびっくりするほど力をつけました。

囲碁の詳しいことは私も知りませんが、このまま精進を続ければプロ棋士にもなれるそうです。将来プロになっても十分やっていけるだけの素質があると認められたのです。一方、学校の成績は文句なくぶっちぎりのトップです。お母さんにすれば、さして深い考えもなしに囲碁を習わせたばかりに、かえって悩ましいことになってしまいました。

さて、この子の進路についてどう考えたらいいでしょうか、というのが相談の内容です。

A子さんのご両親はそろって教育熱心で、日本の教育に関する造詣《ぞうけい》も深い方です。

そのような方でも、思いがけない事態を前にして迷いが生じ、私の意見を聞きにこられたのです。

この場合、A子さんに「自分でよく考えて自分で決めなさい」と言っても、言われたA子さんのほうも困ってしまうでしょう。親でさえどうしたものかと頭を抱えているのに、子どもに5年後、10年後にも悔いが残らないような最適な進路選択ができるはずがありません。

お母さんはもし囲碁のことがなければ、A子さんを地元の中学校からトップレベルの公立高校に進ませて京大に行かせようと考えていました。これは京都あたりでは大変分かりやすい王道の考え方です。私も彼女の実力なら高校受験は楽勝だろうと思っていました。

ところが、ここに思いがけず囲碁という選択肢が出てきて、プロになれるかもしれないと言われた。しかも、囲碁でプロになろうと思ったら、年齢的には中学生ぐらいが勝負の分かれ目らしいのです。今後3~5年の間にいかに精進して腕を磨くかが決定的に重要になってきます。A子さんも乗り気だということで、これでは悩みますよね。

お母さんは、プロの棋士になれたとしても、プロの世界で活躍するのはなかなか大変だから、それよりも京大へ進んだほうがいいのではないかと考えておられました。お父さんも同意見だそうです。それでも本人がどうしてもプロの棋士になりたいと言うなら、それはそれでいいかと。ただ、受験の王道を歩んで、勉強しながらプロに挑戦することもできるはずだという気持ちもあり、決めかねている様子でした。

私は、最初にこうお話ししました。

「お母さん、ちょっとお伺いします。A子さんが例えば17、18歳、あるいは20歳になったときに、どうなっていたほうがお母さんはときめきますか」

「ときめく、ときめかない」なんて、まるで片づけコンサルタントで著名な「こんまり」さんみたいですが、私がなぜそんなことを聞いたかというと、何といっても親の影響は大きいからです。親の気持ちや方針が定まっているかどうかが子どもにとっては一番重要です。親が悩んだり迷ったりしている状態で、子どもに決定権を渡してしまってはいけないのです。

子どもの未来を思い描いたときに、まず親自身がときめいていられるかどうか。ときめくということは、幸せということです。親が幸せになり、子どもも幸せになれたら、それが一番いいですよね。

親のほうに迷いがなく、心にときめきがあれば、子どもに常にポジティブなエネルギーを送ることができます。それこそが子どもへの最大の励ましです。ときめいているからこそ、的確なアドバイスも与えられるだろうし、子どもの相談に乗ってやることもできるはずです。

私も学校関係者ですから、進路指導のことはだいたい分かっています。普通どういう進路を勧めるかというと、学校にとっていい進路を選ぶのです。もちろんその子にとってということもありますが、やはり学校にとって、あるいはその地区ではどうなのかということが大きな判断材料になります。

私は「それでは、今の学習を終えて、進学塾に行き、そこから中高一貫校へ行ってください」とアドバイスしました。今の時点で囲碁か京大かの選択をする必要はないわけです。中学校の段階でプロに挑戦できるなら、その可能性は生かすべきでしょう。

その場合、最大のポイントは高校入試が邪魔になることです。プロ棋士を目指しながら公立のトップ校を受験するというのは、二重に大変なことをすることになって、二兎《にと》を追う者は一兎《いっと》をも得ずということになりかねません。

結論として、こういう話をしました。

「中学校の間はプロ棋士になれるかどうか精一杯チャレンジしてその可能性を探ってみたらどうでしょう。その結果を見て、そこでプロになってもかまわないし、やはり大学受験したいということなら、高校の段階で頑張ればいくらでも取り戻せます。もともと基礎力は超ハイレベルのところまで行っている子なので、そのとき京大を狙うということになっても、それほど困難ではないですよ」

なぜ京大なのか。なぜ東大ではないのかというと、関西の人には、関東の人ほど東大願望はないからです。関西には京大もあり、阪大もあり、神戸大学もあります。私学でも、関関同立（関西大、関西学院《かんせい》大、同志社大、立命館大）をはじめ、子どもたちの努力に応じていろいろな大学があるので、東大へのこだわりがあるのは一部です。

事実、東大生の6割近くは関東出身です。

それだけ京大に誇りを持っている人が多いわけですが、私はあえてお母さんに、こうアドバイスをしました。

東大のほうがいいんじゃないですか、と。

A子さんには東大入試のほうがタイプからして向いていると思ったのが理由の一つです。京大はひねった問題が出題され、受験生は京大向けの勉強が必要です。これに対して東大は、国公立大学のトップという位置付けなので、国の学習指導要領の規制を最も強く受ける大学です。高度であっても、実はクセがないということをもともと運命付けられているのが東大なのです。だから素直に教科書を学習して隅から隅までマスターしておけばいいという、いわゆる秀才タイプの子が東大に向いています。

それから、京大は入学した後は全部お任せで、全くの自由です。自由とは、見方を変えれば放任と同じです。オタクと言ったら語弊があるかもしれませんが、「俺はこれが好きだからこれをやりたい」というようなマニアックな子には京大は居心地がいいかもしれない。だけど、A子さんはいろいろな課題をやって、それを次々にこなしていって、そこから自分が何をしたいのかが見えてくるタイプでした。学習に対して素直な子なので、そうなると東大のほうが向いているのではないか、というのが私なりの分析です。

「万が一東大が駄目でも慶応がありますよ。囲碁をやるから、囲碁会が強い早稲田に入ってなじむよりも、慶応に行って異彩を放つほうがいいんじゃありませんか。いざとなったら早稲田でも慶応でも差はないので、その段階で考えればいいと思いますよ」

こんなお話をしたところ、参考になりましたとおっしゃって帰っていかれました。

このように、教育熱心で日本の教育事情に通じている方でも、迷いもあれば悩みもあるのです。これが進路指導の難しさです。

それをまだ10歳そこそこの子どもに丸投げして、「子どもの希望に任せます」「子どもに決めさせます」などと言ってしまうのは、あまりにも無謀ではないでしょうか。子どもの意見を尊重して進路を決めるというのは今時のはやりかもしれませんが、私に言わせれば、ジャングルにそのまま一人で入っていけと言っているようなものです。極めて危険で、進路指導としてはあり得ないと私は思っています。

もちろん、子どもの希望は大事にするべきです。しかし、子どもが判断するには難しい情報もいっぱいあります。

子どもの進路は親にとっても最重要課題です。だからこそ、わくわくできる選択をしてほしいのです。

親自身が未来を見据え、子どもとともに考え、勉強し、進路指導のレベルを上げていってほしいのです。

2カ条

子どもの幸せを一番に考えない

◎子どもの反発は、正しい理解のためのプロセス

子どもの個性の尊重は、子どもに寄り添う教育、子どもの幸せを第一に考えた教育とされています。この考え方は、今では当たり前の社会常識のように受け止められていますが、私が子どもや学生の頃は、そういう話はあまり聞きませんでした。この考え方が広がり始めたのは、私が兵庫県朝来《あさご》町立（現・朝来市立）山口小学校に赴任した1989年頃です。

1990年代に学習内容と授業時間を削減する「ゆとり教育」が始まり、これを推し進めていく過程で「子どもの個性尊重」が強調されるようになりました。「ゆとり教育」が本格実施されたのは2002年です。その少し前から全国的に学力低下を心配する声が高まり、紆余《うよ》曲折を経て「ゆとり教育」は撤回されます。ところが、個性尊重の考え方のほうは、さして批判を受けることもなく残り、むしろ日本社会に広く深く浸透しました。

「子どもの意見や個性を尊重し、子どもの希望を最優先に考えよう。子どもの嫌がることはさせないようにしよう」

こんなふうに言われると、何となくもっともらしく聞こえますが、でもそれは、重要な判断を子どもレベルにすることを意味します。

例えば、勉強はできなくても掃除をきちんとするなど別の面でいいところがあれば、それを認めようというような話です。勉強はできなくても、掃除ができるからそれでいいんだというのです。ですが、そんな単純なものではありません。勉強ができないことを肯定するなんて何だかおかしな話です。勉強ができないこと、勉強が嫌いなことを、その子の個性と認めるような考えには違和感を覚えます。学校や教師は学力向上に取り組まなくてもいいと言っているようなものだからです。個性尊重という言葉は美しいですが、これでは子どもの伸びしろをつぶすことにならないでしょうか。

大人がしっかり考えたものなら、子どもに考え直させるほうがいいこともたくさんあります。

「百ます計算」も、全国に普及する前は随分と批判されました。けれども私は、教室で一斉に子どもたちにやらせ、しかも毎回時間を計りながら、足し算なら足し算だけ、掛け算なら掛け算だけ、全く同じ問題のプリントを2週間続けてやらせました。

当時は、子どもの個性を無視した画一的な指導法だと非難する人もいましたが、最初は戸惑っていた子どもたちも、慣れてくると夢中になって解くようになります。計算タイムも5分が4分に、4分が3分にとあっという間に速くなり、いつの間にか2分を切ってしまう子が続出しました。

やってみると分かりますが、大人でも2分以内で解くのは結構大変です。でも、小学生がそのレベルを軽々とクリアしてしまうのです。ただやり方にはコツがあります。**大事なことは、計算タイムを友達と比較しないことです。比較するのはあくまで自分。昨日より今日どれだけ速く解けるようになったか、それだけを意識するようにすれば、タイムは必ず良くなります。**

こうした取り組みも、教員の研究会で発表したときは、「子どもの心を傷つけるもの」などと批判されたものです。しかし今となっては、こんな指導はどこでも普通にやっています。

もちろん失敗もたくさんありました。それは子どもたちにやらせたことが失敗だったのではなく、やらせたレベルが低かったことが原因でした。

しかし、やってみないと何が正しいのか分かりません。**基礎から始めて段階を追ってレベルアップしていけば、子どもたちは一つの段階をクリアするたびに「もっと難しいのをやらせて」と自分から言うようになります。そうなったら、あとは放っておいても伸びていきます。**

受験にしても、「自分の今の偏差値はこれくらいだから、狙えるのはここところかな」などと考えていたら、上を目指そうという気にはならないでしょう。しかし高い目標を提案して、その意味を教え、的確なアドバイスをしてやれば、子どもは思いもよらない力を発揮するものです。要は、その目標が子どもにとって腑《ふ》に落ちるかどうか、親や教師の側が子どもを納得させられるかどうかです。

例えば親が「東大を受けたら」と言ったときに、子どもが「そんなの絶対無理だ」と思ったら、それは無理です。合格の可能性はゼロです。でも、「やれば受かるかも」と思えたら、そこから可能性は生まれます。

東大のように高い目標を掲げれば、多くの子どもは反発するかもしれません。それはむしろ当然の反応で、反発するというのは正しい理解のための一つのプロセスです。反発が大きければ大きいほど、それは真正面で捉えているということであり、ひとたび胸にストンと落ちたときは、気持ちが前向きになってくるのです。大切なのは、親自身がその可能性を信じることです。

◎親の心が明るくなれば、子どもの心は安定する

教師は一人ひとりの子どもの個性や考えに応じてきめ細かく対応すべきだ、というのが今の学校教育です。一方世間には、親もまた、わが子に対し際限なく愛情と時間を投入するのが当然だとする風潮があります。特に母親がどれだけ手厚く子どもの面倒を見てやれるかが大事だとされ、その結果、子どもに何か問題が起きると母親のせいにされることが多く、母親には大きなプレッシャーがかかります。

真面目なお母さんほどこのプレッシャーをまともに受けるようです。自分を犠牲に

してわが子に尽くし、「あれをするな、これをしろ」と細かく要求を出しては言うことを聞かない子ども相手に奮闘するのですが、これでは楽しいはずの子育てがかえって重荷となってしまいます。

いくら子どもに愛情を注いでも、それが過剰だと子どもは鬱陶《うっとう》しく感じ、小学校高学年や中高生になって荒れたり、反抗したりするようになります。また、社会人になった途端に家を離れ、ろくに連絡も寄こさないようになったりするものです。これでは何のために子どもを育てたのか分かりません。

子どもは年相応に自分のことを考えています。わが子のことを何から何まで抱え込む必要はないのです。四六時中子どもの心配をしてしかめっ面をしているよりも、「きっとうまくいく」と信じて子育てを楽しみましょう。そこからエネルギーは生まれるのです。

まずは「子育ては親の責任。自分を犠牲にしてでも手厚く面倒を見るべき」というプレッシャーから解放されることです。

小さな子はいくらしつけても、親の思い通りには動いてくれないときもあります。

電車に乗ればちょろちょろ動き回り、所構わず「座りたい」「外が見たい」と動くものです。「親のしつけがなってない」と周囲の冷ややかな視線を感じることもあるでしょう。

しかし、そんな視線に萎縮《いしゅく》せず、気にしないことです。

なぜって、みんなそういう時代を過ごしたわけですから。過度に思い込まないことです。今は社会が窮屈《きゅうくつ》で、それも一因で子どもの人数が減少し、日本は危機に陥っているのですから。

「子どもがいるだけで幸せ」「自分はわが子からポジティブなエネルギーをもらっている」と思えば、肩の荷も下りてリラックスした気分になれます。**あまり細かいことにこだわらず、おおらかでお気楽なぐらいがちょうどいいのです。お母さんの心が明るくなれば、子どもの心も安定してきます。逆に、イライラして感情的になり、些細《ささい》なことで怒ったり小言ばかり言ったりしていると、子どもの心は不安定になります。**自分の心が安定するように多少鈍感くらいがいいのです。

子どもをいい子に育てたければ、家庭が平和で安心していられるのが一番大切な条件です。そして、**その家庭がうまくいっているかどうかを見るバロメーターは、お母**

さんが笑っているかどうかです。お母さんの笑顔ほど家庭を明るくするものはありませんから。

男の立場からすると、よく笑う女性と結婚するのが幸せになる近道であり、奥さんをいつも笑顔にしてあげられる夫こそ幸せの何たるかを知っている男性だと私は思います。

家族を幸せにしたかったらお母さんは自分が笑っていればいいので、自分が笑顔でいるために必要な投資は、エステだろうがジムだろうが、ホテルのランチ会だろうが観劇だろうが、無理がないなら遠慮なくするべきです。家計のやりくりばかりに気を取られ、我慢ばかりしていると、家庭が暗くなります。我慢もほどほどが大切です。それに意外と何とかなるものです。家庭が明るければ、活力が生まれるからです。

◎親の幸せは、子育ての成功に直結している

日本ではわが子の幸せのことを一生懸命考える母子密着型のお母さんが多いと感じ

ます。父親も、仕事が忙しい働き盛りになると、子どものことは母親に任せきりになりがちです。男も家事・育児を分担する時代になり、少しずつ変わってきているとはいえ、まだまだその傾向は強いようです。

しかし、子どもの幸せを第一に考えて、それで本当にその家族は幸せになれるのでしょうか。子どもの幸せを言う前に、肝心の親は幸せなのかどうか。親が幸せを知らないのに、子どもを幸せにできるのでしょうか。

結論から言うと、これは順番が逆です。

子どもの幸せを一番に考えるのではなく、まず親自身がどうしたら幸せになれるか、どうしたら親が子どもの手本やロールモデルになれるか、そちらのほうをもっと一生懸命考えるといいのです。なぜなら、**親も子どもも幸せを追求する共同体**だからです。**親が幸せでないのに、子どもが幸せになれるはずがないのです。**

例えば、わが子が仲間外れにされたとか、親友から絶交されたとか、あるいは金銭トラブルでもいいですが、何らかのトラブルを抱えているとしましょう。本人はどうしたらいいか分からなくて悩んでいますが、きちんとトラブルを解決できれば、人間として一回り成長することができます。

このとき、親自身が過去に同じような問題に直面して解決した経験があれば、そこで得たノウハウを子どもに伝えることができます。ところが、問題を解決してこなかった人は、子どもに伝えられるものがありません。話を聞いて子どもにアドバイスしようにも、何と言えばいいのか親も分からないわけです。

いじめを受けたことがあり、そのことをいつまでも恨んでいる親は、同じ経験をした子どもに「許してあげなさい」とは言えないでしょう。自衛策や対処法を授けて子どもを守ってやることもできないかもしれない。トラブルの解決に失敗すれば、子どもは対人関係で自信を失い、心に傷を負うことになります。このように、親が生きる術《すべ》を知らなければ、それだけ子どもを幸福にすることは難しくなります。

分かりやすい例が読書です。お母さん方とお話ししているとよく、「うちの子は本を読まなくて困っています。どうしたら本を読むようになりますか」と聞かれます。子どもに本を読ませようとあの手この手で働きかけてもうまくゆかず、「本を読みなさい」と口を酸っぱくして言っても効果がないのでお手上げ状態の方が多いようです。

これも同じことで、お母さん自身が本を読んでいるかどうかが問題です。親がほとんど本を読まないのに、子どもが本好きになるでしょうか。

お母さんが読書の楽しさ、面白さを知り、忙しくても時間をやりくりしてよく本を読んでいれば、子どもも読むようになります。音楽が好きな家庭で育った子どもは、自然と音楽が好きになるのと同じです。

子どもの幸せを願うなら、まず自分が幸せになればいい。親自身が社会人として、また一個の人間として力を高めていけば、それに伴って子どもの力も高まっていきます。

あとは子どもと接する時間をどう確保するか、時間が短いなら短いなりにどう接すればいいのか、それを考えるだけです。

フルタイムで働いているお母さんたちから聞こえてくるのは、子どもと接する時間がなくて子どもの面倒を見てやれないという嘆きです。事情はよく分かりますが、これには発想の転換が必要です。

お母さんたちは、ここでも先入観に縛られているのではないでしょうか。母親なのだから子どもとたくさん関わって、手厚く子どもの面倒を見てあげなければいけないという思い込みです。それが心にあるので、「仕事をしている私には時間がない。だからそんなことはできない。子どもに申し訳ない」というように、悪いほうへ悪いほうへ考えてしまいます。

でも、そんな負い目を感じることはないのです。伝えなければならないものがお母さんの頭の中にあるならば、あとは限られた時間でいかに効果的に伝えるか、どう共有すればいいかを考えるだけでいいのです。

それにはコツがあります。1日もしくは1週間の中で、短くても子どものことだけに集中して愛情を注ぐ時間を作ることです。親に愛され、親とコミュニケーションが取れているという実感を持ってもらうことです。子どもは接する時間が少なくてもそれを自分なりに理解し、受け入れてくれます。むしろ自分のためにフルタイムで働いている母親を誇りに思うはずです。

今、コロナ禍にあって、世の中が大きく変わりつつあります。新型コロナの影響をもろに受けて業績が落ち込んでいる企業や産業では、この危機をどう乗り越えようかとみんな必死になって生き残り策を模索しています。そこで働いている人たちも、家に帰れば子どもの父であったり母であったりするわけです。

家庭という単位で見れば、親が自分の道を追求して仕事に邁進《まいしん》することは、実は子育てそのものだと言えるのです。仕事を通じての苦労や成功は、子どもに伝える価値のある最も重要なことの一つです。子どももまた、いずれ社会に出て働かなければいけないのですから。

子育てというと、すぐ子どもにあれをしよう、これをしようという話になりますが、親自身が一人の人間として納得のいく生き方をしているか、自分の仕事に誇りを持っているか、人の幸せを考えているか、それが一番大切なのです。

子どもから尊敬されるような生き方をしていれば、子どもは自然とお父さん、お母さんの背中を追いかけるようになるものです。

親の幸せは子育ての成功に直結しています。親が幸せを知っているからこそ、親はそれを子どもに伝えることができるのです。

◎「親の面倒は見たくない」という子に育ててはいけない

「子どもは子どもの人生を歩めばいいと思ってます」

最近よく聞く言葉の一つです。こういうことを言う人は、親は親、子どもは子どもで別人格なのだから、成人したらあとは好きなように生きればいいと、そういうことなのでしょう。

でも、本当にそれでいいですか？　成人しました、就職しました、家を出ました、今は東京にいます、と。1年に2回、盆と正月に帰ってきて孫の顔を見せるのはいいほうで、年に一度も帰らないこともある。これで本当にいいのですか。よく考えることです。そうでないと本当に子どもは、そうなっていきます。あれほど苦労して子どもを育てたのだから、子どもとつながっていたいと私なら考えます。

私の場合、3人の子どもはそれぞれ結婚して、もう孫もいます。子どもたちは三人三様の独自の世界を築いていますが、彼らとのつながりは今も続いています。それぞれ結婚相手がいるので、子どもの数が6人に増えたようなものです。状況に応じてつながり合い、子どもたちとは助け合って生きています。

60歳を過ぎた私は、この家族の絆を大事にしながら、残った人生でもう一勝負しようと張り切っています。人から「幸せですか」と聞かれれば、迷うことなく「幸せです」と答えるでしょう。

「子どもには子どもの人生がある」とか「年を取っても子どもに面倒を見てもらおうとは思わない」とか言う人がいますが、私は無理です。

親は子どもが一人前になるまで責任をもって育て、年を取って働けなくなったら子どもに面倒を見てもらう。そうやって命のバトンをつないでいくのが人間の人生です。親の幸福も子どもの幸福も、この基本型を離れてはあり得ないと思います。それなのに、子どもを中心に物事を考えるようになると、いつの間にか幸せとは何かが見えなくなるようです。

年を取った親の面倒を見るといっても、今は昔と違って介護サービスも充実しています。何から何まで家族がやらなくてもいい時代なのに、それでも若い人が平気で

「親の面倒は見たくない」と言うとするなら、それは悲しい。

私は親としてそんなことを言う子には育てたくないのです。子どもの幸せを第一に考えて育てた結果がこれだとしたら、あまりにも寂しい人生です。

◎子どもが納得するなら、幸せを求めて離婚、再婚してもいい

教員生活をしていた頃、担任だったクラスで不登校になった子がいました。小6のその子の両親は仲が悪く、お母さんが毎日のように学校に来て夫の悪口をとことん言って帰るということが続きました。相手をするこちらも大変でしたが、愚痴《ぐち》を吐き出すと少し楽になるのか、何とか心の安定を保っている様子でした。

結局、その子は父親からDVを受けていて、家でたびたび暴力を振るわれて抗議のために学校へ行くのをボイコットしたことが分かりました。DVで避難場所を求めて家出するというのはよく聞きますが、抗議のための不登校と知って驚きました。

お母さんから聞いた話では、その子はどこからか「児童憲章」が載っている法律書

を持ってきて、お父さんに面と向かって「ここに子どもは大切にされるべきと書いてある。父親が暴力を振るっていいのか」と迫ったそうです。

その子はできるだけ早く親から自立したいという理由で、高校卒業後、看護専門学校に行き、看護師になりました。家庭環境がもう少し良ければ、他にもいろいろな選択肢を考えた上で進路を決めることもできたのではないかと思います。

しかし、夫婦仲が良くて円満な家庭であれば、子どもの心は安定し、勉強にも身が入ることは確かです。

ですから、私は、夫婦仲が悪くてもできるだけ離婚はしないようにして、子どものためにもよく話し合い、関係修復に努めてほしいと思っていました。

実は、最近この考えが少し変わりました。近年いろいろな人たちと接しているうちに、再婚して幸せになっている夫婦が結構いることに気づいたのです。

努力してよりを戻せるならそれに越したことはありません。しかし、修復しがたいほど亀裂が広がって家庭内離婚しているのに、我慢に我慢を重ねて同じ屋根の下で二人が重苦しい思いを抱えて暮らしているというのは、どう考えても不健全です。

それでも、日本では「子はかすがい」で離婚すべきでないという道徳があるため、我慢して離婚しない夫婦が多いそうです。

少し前、就職の決まった知り合いの大学生と話しこんだことがあります。礼儀正しく、いかにも大切に育てられたお嬢さんという感じだったので、家庭の話が出たついでに「就職もいいところに決まってさぞかしご両親はお喜びでしょう」と聞いたのです。

ところが、その答えを聞いて思わず絶句しました。

「私の卒業と同時に両親は離婚します」

「卒業と同時……」

もう子育ても終わったし、お互いこれ以上我慢する必要はない。だから別れるという話です。

「子どもとしてはどうなの」と聞くと、「これですっきりします」という返事でした。残念という言葉が出てくると思っていた私は、仰天しました。お父さんが、俺の稼ぎでこの家はもっているんだという意識の強い方で、それを露骨に表に出すものだから、妻や娘とうまくいかなかったそうです。

私も娘の父親ですから、すぐに父親の立場で考えてしまいました。これだけ嫌われて離婚することも決まっているとすると、お父さんは娘の結婚式に出られないんじゃないか。おそらく呼んでもらえない。娘が可愛くない父親はいないでしょうから、これは父親としては衝撃でしょう。自分には耐えられないことです。

「誰のおかげで暮らしていけると思っているんだ」は、絶対口にしてはいけない台詞《せりふ》です。お父さんが一家の大黒柱でお母さんが専業主婦というケースでは、お父さんはこういう考えに傾きやすく、家族の心が見えなくなることがあります。

お母さんが家事、育児を一手に引き受け、内助の功を発揮しているからこそお父さんは仕事に没頭できるわけで、お母さんへの感謝の気持ちがなければうまく行くはずがないのです。家族のことも考えていたと思うのですが、二人で一家を経営しているという意識に欠けたことが、お父さんの失敗でした。

逆に、父親の側にそういう気持ちがあれば、夫婦で分業して幸せに暮らしているはずです。そういう家庭では、夫婦がそれぞれ相手に感謝しています。父親が「家のことをやってくれてありがとう」と、母親は「働いて稼いできてくれてありがとう」と、お互い素直に思えるような夫婦なら、少なくとも離婚話が持ち上がるようなことにはなりません。

一方、近年は夫婦としてうまくいかないと、彼らの子どもが未成年であっても、さっさと離婚してしまいます。そしてその後再婚するのですが、それで幸せになっている家庭が結構あることを、割と最近になって知りました。

1回目は双方ともまだ若く、お互いのことをよく知らないまま結婚しますが、2回目は、もう失敗はできないと慎重に相手を選び、選び方の基準も明確になっているのでうまくいくのです。

そういうことなら離婚を恐れる必要はなくなっているのかもしれません。確かに、**お互いの心が完全に離れてしまったら、そのまま不幸な関係を続けるよりも、早めにリセットして人生をやり直したほうがいい。あとは親の離婚・再婚をまだ未成年の子どもにきちんと理解して納得してもらえるかだけのこと**です。

夫婦関係は悪くても、両親と子どもの関係はいいということもあり、その場合は難しい選択になります。しかし、**子どもが納得してくれるなら、幸せを求めて離婚、再婚するのも悪くない**と今は思えます。

◎「夫婦仲良く」を長く続けるコツは「共通して折り合えるもの」を多くもつこと

家族の安心のために、「夫婦仲良く」は子育てのキーポイントです。でもそれはなかなか難しいことでもあります。

ですから**基本的に夫婦は永遠に分かり合えないもの**くらいに思っていたほうがいいでしょう。**それでも一つひとつのことに結論を出して前に進んでいくのです。そのためには夫婦のコミュニケーションが重要**になります。

降って湧いたように起こったのが新型コロナウイルスの流行です。そこで、感染防止対策のために、私は別居生活をしています。ところが意外にこれがなかなか心地良いのです。

別居といっても、お互いスープが冷めない程度の距離に住んでおり、一日に何度も連絡を取り合ったり、一緒に行動することも多いので、離ればなれになったわけではありませんし、仲が悪いわけでもありません。

それぞれが相手を気にせず時間を使えるので、それがいいのです。

自炊も始めました。これがまた楽しいですね。自分の好きなものを自由に作れるのが魅力です。

別居が心地良いなと感じるのは、価値観の違いを気にしなくてもよくなったからです。**そもそも男と女は違う生き物であり、女性が是とするものが男性にとって最も苦手なことであったり、逆もまたしかりなので、この男女間の溝を埋めるのは容易なことではありません。**

そしてその話をすると「実は……」と同じように別居を始めたという人が知人に何人もいて、これも驚きました。

卒婚なんて言葉が出てきたのは、そういうことかと分かったのです。絵に描いたような仲の良さを演出する必要はなく、いろいろな形があっていいのです。

そもそも夫婦仲良くというのは、一般的には難しいものです。それぞれ違う個性を持っていますから、相手の立場に立って考えても間違うのは、むしろ普通です。恋物語のような理想的な相手を見つけた場合を除けば、共通で折り合えるものを見つけることです。

一般的に、共通の関心事は子育てです。それと私たちの場合はビートルズ。二人で夢中になれるのは子どもについて話し合うときとポール・マッカートニーのライブに行くときです。

ポール・マッカートニーやビートルズは、私たちにとって大きな存在だったと思います。

ビートルズがなぜ人々をあれほど熱狂させたのか考えてみると、彼らの音楽はそれまでの音楽と違って唯一無二でした。彼らのラブ・アンド・ピースの世界観は、やはり独特なものがあります。

惜しむらくはジョン・レノンとジョージ・ハリスンが早く死んだことです。彼らがもっと長生きして、どこかで再結成して一度でもライブをやっていたら、世の中の流れが変わっていたのではないでしょうか。

還暦を過ぎてから改めてビートルズの曲を聴き直したり、あの時代の映画や風俗のことを調べてみて思ったのは、ビートルズのいた時代は転換点だったということです。世界を変え人類を変えた、それがビートルズです。あれほど人種や国籍を問わず、それを忘れて人々を熱狂させたのは、唯一あの4人しかいません。

現代社会はビートルズを抜きには語れない。ということは、夫婦においても、共通の趣味がビートルズというのは、意外と正解だったかもしれない。私は冗談めかして「ビートルズと子どもはかすがい」と言っています。

私たちがビートルズを好きになったのは、実は最近です。私はそれまでは特にファンというほどではありませんでした。それが一変したのは、2013年にポール・マッカートニーの来日公演に行って二人で熱狂してからです。以来、すっかり魅せられてしまいました。

ビートルズの初期の曲をレコードで聴くと音が貧弱です。それであまり好きではなかったのです。理由は、当時のPA機器（マイク、アンプ、ミキサー、スピーカーなどの音響機器）の技術レベルが低かったからです。ところが、これが現代のライブでは同じ曲なのに圧倒的な迫力があるのです。そこに、衝撃とともに新鮮な感動を覚えました。

私たちのお気に入りの一つに「アイル・フォロー・ザ・サン」という曲があります。これはポールが16歳のときに作った曲で、シンプルでありながら何とも言えず魅力的です。うちではこれを目覚まし時計のアラームにしていました。毎日、朝になると必ず「アイル・フォロー・ザ・サン」が流れる。そこに幸せを感じるのです。

◎子どもの学力は家族の平和と親の笑顔に左右される

親が幸せを追求するのに遠慮は要りません。

近年、日本人は知らず知らずのうちに相互に監視し合い、幸せになりにくい世の中を作ってしまいました。人の目や社会の目を気にして、やりたいことが自由にできなくなっています。

これは島国だからということもありますが、狭い土地に大勢の人が肩を寄せ合うように暮らしていて、頑張っても報われない時代になっているからです。つまり、妬《ねた》むのです。

しかし、この閉鎖性を思い切って打ち破り、自分がやりたいことをやるべきです。そして他人の幸せからも貪欲《どんよく》に学べばいい。幸福感に満ちている人を見たら、「この人が幸せそうにしているのは、なぜだろう」と考え、それを学ぶのです。

幸せな人がやっていることを研究して真似すれば、自分も幸せになれます。ということは、**幸せな人は周りの人も幸せにするのです。ならば、誰かを幸せにしようと考えるよりも、まず自分自身が幸せになろうと努力することです。そうすれば、自分を中心に幸せの輪が広がっていく**はずです。妬みにとらわれていると、それが見えてこず、幸せにはなれません。

誤解を恐れずに言うと、エゴイズムこそ最大のヒューマニズムです。自分が良ければいいのか？　いいのです。まず自分です。自分が幸せであってこそ、それは人に伝わり、分かち合うことができるのです。

幸せになる人は、人のいいところを見ます。褒めるのも上手です。これに対して不幸な人は、余裕がなく自分にこだわってすぐに人を批判します。幸せな人を見ると対抗意識をむき出しにして、その人から学ぼうとしません。

また、心配性や貧乏性は伝染するので距離を置くのが賢明です。こちらが何かやろうとしても「やめたほうがいい」と言って必ずブレーキをかけてきます。自分のやっていることが正しいと思い込み、他人を頭から否定します。他人のやろうとすることを「絶対失敗する」と平気で決めつけてきます。人が成功するのを見たくないのでしょう。ここは、上手に距離を置くしかありません。

こういう負のメンタリティーは伝染するところが厄介です。

負のメンタリティーを持った人と絶えず接する立場の人は大変だろうなと思います。学校では、不登校担当の先生の子どもは不登校になりやすいという話を聞いたことがあります。その子の事情を聞いて可哀想と思っていたら自分も落ち込んでしまいます。かといって否定はできません。「共感してあげる」ことが基本になりますが、これを仕事として毎日やっているうちに自分のメンタルが保てなくなり、巻き込まれてしまうというのです。

いい先生が燃え尽きて病気になるというのもよくあることです。いい先生、つまり指導力のある先生は、崩壊した学級の立て直しを毎年のように任されるため、5年、10年とそれを続けているうちに、精神的にどこかで限界がやって来ます。

ネガティブな感情は伝染するのです。身を守るためには巻き込まれないように注意すること、危ないなと思ったら一定の距離を置くことです。ネガティブな感情にとらわれると物事の悪い面しか見えなくなり、人を幸せにすることなど考えられなくなります。

幸せになろうと思ったら、ポジティブであることが一番大事です。明るく前向きであること、おおらかであること、少々のことには動じないこと、いろいろなことに挑戦する気持ちがあること。お気楽で能天気なお母さんの子どもが結構優秀だったりするのは、その親がポジティブだからです。

家庭の中ではお母さんは笑顔でニコニコしているのが一番です。**お母さんの笑顔は太陽そのもの**です。そういう家庭では、子どもは自分からどんどん動き出すので放っておいても大丈夫なのです。

子どもの学力も、家族の平和とお母さんの笑顔に支えられるものです。長年たくさんの子どもたちを教えてきた、私の結論です。

3カ条

子育てでは壮大なストーリーを描け！

◎子どもの名前にこそ親の思いやストーリーを込めて

子育ては重荷ではなく楽しんでするものです。同じ楽しむなら、その子だけの、特別で壮大なストーリーを描いてみるというのはどうでしょうか。「このストーリーが本当に実現したら」と考えるだけでもワクワクした気持ちになれます。

私は若い頃から頭の中でいろいろなストーリーを作るのが好きでした。兵庫県の山口小学校の教員だった頃は、毎日、〝天空の城〟竹田城跡を見ながら通勤する車の中でこんなことを考えていました。

「陰山先生、今日はどこへ行くんですか」

「うん、今度出す本の打ち合わせでね、今から東京の出版社に行ってくるんですよ」

田舎の山奥の名もなき小学校に勤める一介の教師が、全国の親御さんに読んでもらう本を出すために、颯爽《さっそう》と東京に向かうのです。そして、この本は私が満を持して世に問う以上、当然何十万部も売れてベストセラーになるはず。

このストーリーは後に現実のものとなるのですが、当時はただの妄想でしかなく、そんなことが実現しそうな気配はつゆほどもありませんでした。それでも、「そうなったら格好いいよな」などと考えているとテンションが上がり、朝から気分良く職員室に入れたのです。

私の妄想癖は子ども時代からのクセです。何しろ私が育った土地は、『まんが日本昔ばなし』に出てくるような「ド」の付く田舎です。そもそも近所に友達がいないので、友達と遊びたくても遊ぶすべがなく、いつも一人でした。そんな環境で育ったので、将来は明るいと思わなければやっていられないところがあり、いつからかそういう妄想をするクセが付いたような気がします。

私が作った子育てのストーリーの一つは、「次女が東大に入る」です。このストーリーは最初は本当に妄想でしたが、次第に明確な形を取るようになり、最後は本当に実現してしまいました。

話は次女の名前を付けるところから始まります。

望都《もと》ではどうか、都を望むと書いて望都。この「都」は、実は東大のことです。

二人続けて女の子でしたから、長女は家を継ぐかもしれないので親元に置いておく。次女は家を出て行く可能性が高いから、「中途半端に出て行かれるのは面白くない。どうせなら東大ぐらい行ってくれ」。それで望都です。これは軽いノリの、いわばギャグのようなものでした。しかし、それが実現したら面白いし楽しい。

それから家族でストーリーを共有するために、次女がまだ小学校に上がる前、東大に行って安田講堂を見せておこうと思い、家族旅行で東京に行ったのです。なぜって、そのことがきっかけで本当に東大に入ったら面白いではないですか。

つまり、このときもまだ遊び半分なのです。「どうせならトップを目指したほうが面白いし、楽しいだろう」。そうして子育てを楽しく面白くしようとしたのです。

◎親が描いたストーリーを子どもにどう納得させるか

その後、娘が小、中、高と進学するにつれ、私が学力問題で注目されることで次女を東大に入れたいと真剣に考えるようになりました。最終的に娘を東大に入れると決めて本人に話したのは私です。

なぜ東大なのかというと、それには理由があります。

私の、国立医学部に行った教え子たちと比べても遜色ない基礎学力があったからです。

基礎学力の高い子は東大に強いのです。東大の入試は、すべての教科内容を満遍なく出題する傾向があります。

公立高校の入試は、学習指導要領に即して中学校で学ぶあらゆる分野から出題されます。これが大原則ですから、中学校がある分野を端折《はしょ》って指導することはあってはならないことです。発覚すれば大問題になります。

このことは東大入試も同じです。天才でないと解けないとか、とことん深掘りしていないと解けないといった問題は滅多に出ません。盤石《ばんじゃく》な基礎力があり、集中力と高速処理能力を備えていれば、多くの受験生が合格を狙えるのが東大です。

次女は幼稚園児のときに百ます計算を2分以内で解いていて、その計算能力には目をみはるものがありました。小、中と地元の公立校で学んだ娘は、私が尾道市の土堂《つちどう》小学校に転勤したのに伴い広島に移り、新設された県立の中高一貫校に第一期生として入学しました。

このときの受験はシビアなもので、見知らぬ土地に引っ越してただでさえ慣れないのに、新設校ゆえに受験対策などやりようがなく、過去問もなくて助言することもないまま、それでも驚くほどの集中力で合格を勝ち取りました。やはり基礎学力が物を言ったのです。

オールマイティーで、得意分野もあるけれども、苦手分野は少ない。「これなら東大に行ける」と私は考えていました。しかし、私があまりに忙しく、それどころではなかったのです。東大に行ける可能性はあっても、本気になれなかったのです。

振り返ってみると、その頃はまだ進路指導をする親として私は未熟でした。

次女に東大受験を本気で勧めるようになったのは、私が文部科学省の審議会や政府の教育再生会議に出るなど、東京での仕事が増えたことがきっかけでした。

というのは、こうした会議の主要なメンバーは、東大、早稲田、慶応の出身者や関係者が圧倒的に多く、その存在感は決定的だったからです。また、論壇上では対立している論客が、実は大学や高校の同級生で仲がいいということもあり、驚くこともしばしばでした。また、「これからの時代、学歴なんて問題じゃない」と言う人の多くは、やはりこの三つの大学の出身者がほとんどというのも特徴的でした。

こうした世界は私には分かりません。そこで、その内実を私自身が知りたいということもあり、次女が合格することは不可能ではないと思っていたので、本気になっていったのです。そして、その会議の中で、その思いが決定的になった瞬間がありました。それは、教育再生会議の中で、大学改革がテーマになった折に出されたデータを見た時です。

会議にはありとあらゆる日本の教育データが集まってきます。毎回、膨大な量の資料が提供されるのです。それを一通り読んでおかないと、会議に出ても議論に付いていけません。

そのとき私が読んだ資料で衝撃を受けたのが、大学補助金全体の約4分の1が東大と京大に使われていたことです。東大と京大の存在感は圧倒的でした。そして阪大、名大など他の旧帝国大学を合わせると全部で四十数%。残りを700ほどの大学で分けていました。東大は学生一人当たりの経費が圧倒的に多く、大学に行くなら東大というのは、こういうことかと分かったのです。

◎家族の大紛糾と葛藤の末に決意を固めた東大受験

これで私の腹は決まりました。高3になる春、私は娘と向き合い「東大に行け。おまえならできる」と言いました。

案の定、娘は猛反発してきました。

「は？　何言ってんの。お父さん、子どもらに何してきたか分かってんの。親の都合で勝手に転居しまくって。しかも、東大って言うけど、この4月からお父さん、京都行くやん。私は広島にあと1年残って勉強しなきゃいけないんだけど、広大でも神戸大でもなくて、いきなり東大ってどういうこと？」

私は4月から京都の立命館に行くことになっていました。親の都合で勝手に転居とは、娘が中学校を卒業する直前、私が尾道市の土堂小学校に赴任したことで泣く泣く転校せざるを得なかったことを指しています。仕事上やむを得なかったとはいえ、子どもから見れば、まさしく「親の都合」です。その気持ちは痛いほど分かりました。しかも、娘が高2で受けた模擬試験で東大はE判定、最下位レベルでした。それなのに「東大へ行け」と言われたものだから、余計カチンときたようです。

この件は娘の反発で大紛糾《だいふんきゅう》し、親子間にいろいろな葛藤が生じました。それでも最後の最後、娘は胸にストンと落ちるものがあったらしく、東大受験の決意を固めてくれました。

高3になって初めて受けた模擬試験でも東大はやはりE判定でした。けれども、私はあまり心配しませんでした。それは、自分の教え子たちが、例えば神戸大の医学部や東北大の医学部に受かったように、国公立の医学部に大勢受かっていたからです。彼らは有名私立の進学校から行ったのではなく、ほとんどが田舎の公立高校から行っています。陰山メソッドで鍛えた子どもたちの伸びしろはそれだけ大きいのです。

実際、東大に合格した子の体験記を読んでみると、基礎力の高い子たちは1年少々で結果を出している例がよくあります。

基礎力もさることながら、東大に合格させるための最も困難で高いハードルは、むしろ本人に東大に行きたいと本気にさせることです。そしてこれをやるのがまさに親の仕事です。

私は以前から「東大を受けたらどうか」と娘にほのめかすことはしていました。意外と良かったのは「東大合格請負」と銘打った人気漫画『ドラゴン桜《ざくら》』（講談社）です。これには陰山メソッドを紹介する取材記事を載せてもらったことがあり、その関係で全巻そろっていて娘も愛読していました。またちょうど東大生がテレビに出始めた時期であり、割と東大を身近に感じられるようになっていました。そうしたことが伏線となり、最終的に私の説得を受けて、やる気になったのです。

◎親は自分の責任のもと、描いたストーリーを子どもに押し付けていい

受験という重要な決定においても、時には親は押し付けてもいいのです。押し付け

るかどうかではなく、押し付けにふさわしいサポートをする力や覚悟があるかどうかが問題なのです。子育てで親がストーリーを描くのは自然なことです。東大を受験してたとえ落ちたとしても、「なぜこんなことになったんだろう。そうだ、親父が悪い」で済むではありませんか。自分を責めることにはなりません。それに東大を目指して勉強すれば、早稲田か慶応か、またどこか、その努力に応じて受かるでしょう。そう考えれば、実は全くリスクのない挑戦なのです。

私がもし娘の希望を尊重していたら、せっかくの伸びしろが台無しになっていたかもしれません。

高3のとき、娘は東大本郷のオープンキャンパスに参加して構内を見学して回りました。後で何がよかったかと聞いたのですが、図書館に行って大きな衝撃を受けたと言っていました。とにかく蔵書が豊富で何でもそろっていて、どんな知的好奇心にも応えてくれると感じたそうです。

卒業するときも、同じことを聞いてみました。すると、前に聞かれたことなど忘れているはずなのに、娘は同じことを言いました。あの図書館にもう通えないのが一番つらい。東大の図書館は本当に素晴らしかった、と。

学生生活を有意義に過ごしたんだろうなと思える言葉でした。

さらにそれが決定的となる、予想をはるかに超える出来事が起きました。卒業前に娘が突然電話をかけてきて、「お父さん、総代ってなんなん?」と言うのです。

「総代って、卒業式で演台に上がって右代表で卒業証書を受け取る、いわゆる首席になった学生のことじゃないか」

「なんか大学の方がそれやってって言ってきてるんだけど、受けるべきなの?」

これには仰天しました。

娘は一浪して入学し、在学中は1年間海外へ留学しています。したがって現役生よりも2年遅れての卒業です。まさかそんな話があるとは考えたこともありませんでした。

これだけでも耳を疑うような話でしたが、良いことは重なるものです。その年の卒業式は、安田講堂が修繕工事で使えず、有明コロシアムという1万人も収容できる巨大スタジアムで開催されたのです。安田講堂は収容人数が少なく、通常なら親が式典に参加することはできません。それがこの年だけできたのです。これは稀に見る幸運でした。

「大学の卒業式に親が出て行くなんて親バカだ」と言っていた私が、ビデオカメラを手に喜び勇んで見に行ったのですから、私こそ正真正銘の親バカです。年に3千人前後いる卒業生の中で総代になるのは二十数人。娘の晴れ姿を眺めながら、何と気持ちの良かったことでしょうか。

こうして、私が頭の中で思い描いた子育てストーリーは、次女の誕生と命名から始まり、二十数年の時を経て、東大の卒業式で卒業証書を壇上で受け取るというフィナーレで完結しました。2013年3月のことです。

親の希望を押し付けてはいけない、子どもの個性や意見を尊重すべきという考えを、私は否定するつもりはありません。しかし、万事子どもの自由に任せたほうがいいというのも違うと思います。

親はどしどし子どもに関わるべきであり、時には押し付けてもかまわないのです。親の責任において堂々と押し付ければいい。問題は、その押し付けた内容、あるいは

親がこれがいいと思った内容が、適切なものであるかどうかという、その一点です。

そこに子育ての難しさと面白さがあります。

だからこそ親になったら勉強しましょう。子育てとは、親の勉強であり修行です。親が一人の人間として成長し、成功していくことが、子どもの学力を高め、進路を良い方向に導き、そして子育てを成功させる最も重要なカギとなるのです。

4カ条

道徳をうのみにするべからず。
道徳は知って、破れ！

◎道徳の意味や役割、メリットとデメリットを知っておく

日本人の行動を支えている大きな柱が道徳です。すぐ思い付くのは、「人に迷惑をかけない」「困ったときはお互い様」「ルールや規則を守る」「弱い者いじめをしない」「お天道様が見ている」「謙譲の美徳」などです。かなり崩れてきているとはいえ、道徳がしっかりと根を下ろしている社会では、人間関係も比較的スムーズに運びます。

これはとてもいいことですが、反面、**道徳には非合理的なものも含まれているので、無条件で受け入れてしまうのは危険**です。**その道徳が本当に一人ひとりの幸せのために役立っているのか、むしろ幸せの実現をはばんでいるのではないかと一度は疑ってみることも必要**です。

道徳はどうしても同調圧力を強めます。これはその性格上仕方のないことで、同調圧力があるからこそ道徳が道徳として長く継承され、その社会が安定するのです。安易に道徳を無視するのは危険です。

一方、道徳には個人が主体的に考えることをさせないようにする働きもあります。唯々諾々《いいだくだく》と従っているだけでは、言われたとおりにしか動けない人間になってしまいます。

私たちは、このような道徳の意味や役割を考え、メリットとデメリットを押さえておくべきです。

◎短い時間で勉強してあとは遊ぶ。これも立派な努力

日本人が大好きな道徳の一つに努力と根性があります。確かに時間をかけて一生懸命努力するのは尊いことです。けれども、努力の目的は成果を出すことであり、同じ成果を出すなら短い時間で達成して、残りの時間を別の作業に振り向けたほうが生産的です。

少ない時間と少ないコストで成果を上げること、つまり効率性の追求も努力なしにはできません。にもかかわらず、なぜか道徳的には効率を考えるのはずるいという観

念があって、努力していないとみられてしまうのです。

私は講演会で会場の皆さんによくこんな質問をします。

「短い時間で要領よく勉強して、あとは遊びに行ってしまう子と、長時間机に向かって勉強している子と、どちらを評価しますか」

するとと、軍配が上がるのは、たいてい後者です。

子どもが夜遅くまで長時間勉強していると、親は「よく頑張っているな」とつい感心してしまいます。わが子を励まそうと夜食を用意してあげるお母さんもいるでしょう。これに対し、要領よく勉強してさっさと寝てしまうことは評価が低いようです。

しかし、短い時間で勉強を終える子には集中力があります。早く終わらせようと知恵も使っています。つまり、そういう子はただ勉強するのではなく、どういうやり方をしたら早く終わるかも考えながら勉強しています。効率を考えることは決定的に重要な努力ですから、実は伸びる子は前者です。

これは教える側の教師にも言えることです。学校現場を見ていると、指導力のある先生ほど早く帰宅し、未熟な先生ほど遅くまで残っています。何か問題が起きたときは、ふだん早く帰る先生でも残ってパッパと処理しますが、いつも遅くまでいる先生が担当すると、仕事が残っている上にさらに仕事が重なってパニックを起こします。

努力は大事ですが、効率が伴わないと長時間だらだらやることになり、それは時間の無駄となるのです。これは最悪です。努力しても結果が出ないなら、全く駄目ということで、子どもの感覚でいうと「ゲームオーバー」となってしまいます。また、努力そのものも意味がないと思うことにつながります。本来、努力して駄目ならやり方を変えればよいだけなのですが、「努力が足りないせいだ」と、さらに駄目な方向に労力を費やし、悪循環に陥ります。

努力と根性論が学力向上の妨げとなるケースはよくあります。練習問題の難易度が上がれば、いくら頑張っても解けないということが出てきます。そのとき、予定時間をオーバーしてでも「もう一回やってみよう」とか「できるまで頑張ろう」と言って子どもに無理をさせるのは禁物です。

長く勉強すれば、体は疲れ、脳の情報処理能力も低下します。そんな状態で難しい問題にチャレンジしても、解けるはずがないのです。これでは勉強が苦行になるだけです。子どもが勉強嫌いになる原因は、こんなところにあるのではないでしょうか。
特に**小学校低学年の子には、「勉強が楽しい」「勉強が好きだ」という感覚を持たせることが最優先**です。**それには無理をさせないこと**です。**できない問題は、日を改めて頭がさえているときにチャレンジさせましょう。**または、さっさと解答を見て解き方を理解したらいいのです。

◎時間とは限られた資源。子どもが有効活用できるよう行動を仕向ける

時間を守ること、これも日本の優れた道徳です。日本が世界でも時間に正確な国とされているのは周知のとおりです。電車は時間どおりに運行され、お店は決まった時間に開店し、会社では社員が始業時間よりも早めに出勤し、ビジネスでは約束の時間に遅れると信用を失います。

ただ、ここで言う時間は、正確には時刻です。日本人は時間と時刻の概念を明確に

区別できていないところがあります。「何分間（何時間）でこれだけのことをやる」という時間感覚が重要なのに、あまり意識されません。

家庭学習では、よく「5時まで勉強しなさい。ゲームはその後」などと言いますが、その5時までの間に何と何をやるのか、時間配分は妥当なのかという肝心なポイントを押さえておかないと、効果的な勉強にはなりません。30分でできることを、1時間かけてやるのは、逆に学力を低下させる練習のようなものです。

こういう場合は、お母さんがその日の課題を確認して「じゃあ30分でやってしまおうね」と言ったり、「計算と漢字のドリルは昨日より早いタイムが出るように頑張ろうね」などと言うのがよいと思います。

勉強に限らず、常に時刻を意識するのと同時に、何分あるいは何時間でやるのかという時間軸を意識した行動を子どもに仕向けていくことです。**一定時間にこれだけのことをやると時間の見積もりをするよう意識させると、集中力が身につきます。**集中力が身につくと行動にメリハリが出てきて、何時から何時までは勉強、その後はゲーム、次は家のお手伝い、夕ご飯が済んだら1時間だけテレビ、お片付けと入浴、夜10

時には就寝というように、時間を自分のものとして、正しく管理できるようになります。それが重要なのです。こうすると頭の切り替えも早くなり、時間という限られた資源を有効活用できるようになります。

こういう習慣は健康にも良く、大きくなって社会に出てからも役に立つことは言うまでもありません。そんなことを考えて、私がセイコーと組んで開発したのが『スタディタイム』という学習用時計です。

『スタディタイム』は、左側が長針と短針と秒針から成るアナログの目覚まし時計です。右側にはデジタルのタイマー表示部があり、これにはストップウオッチとカウントダウンの二つの機能を持たせました。計算や漢字ドリルをやるときはストップウオッチ、30分で問題集を4ページやると決めたときはカウントダウン、というような使い方ができます。

ストップウオッチもカウントダウンも最大100分弱まで設定できるので、勉強以外の時間管理にも適しています。こうして時刻と時間を並行して意識することが、重要なのです。

◎どんなに余裕がなくても、できる範囲で家事や調理を子どもにやらせる

親が手厚く子どもの面倒を見るべきだという道徳のことは、前にも触れました。これは時に母親にとって大きな重荷、プレッシャーとなるのですが、子どもの自立をはばむ障害となることもあります。

いろいろな物事をちゃんと自分でできるようにしつけられているかどうかは、家庭科の授業を見るとよく分かります。しつけができている家庭の子は包丁さばきが上手です。私の観察では、包丁さばきのうまい子は男女関係なく落ち着いている子が多いです。友達関係のトラブルも少ない傾向があります。

リンゴの皮を包丁でむかせたとき、上手な子と下手な子の違いは何かと考えると、手先が器用かどうかもありますが、家でやらせてもらっているかどうかの違いが決定的です。

家でやらせてもらっている子は、お母さんに子どもを自立させようという意識があります。そうでない子は、お母さんが何でも自分でやってしまいます。そこには、親は手厚く子どもの面倒を見るべきだという道徳が知らず知らずのうちに入り込んでいて、子どもを過保護にしてしまうのです。

裕福な家庭であろうと貧しい家庭であろうと、**子育てにおける目標は自立**です。**過保護に育てた子どもは、どうしても人を頼りにしてしまい、生活が落ち着きません。**学力が高くても、自立できていなければ幸せにはなれません。

親は家事や調理を手際よくやるテクニックを身につけておき、積極的にお手伝いをさせることが子どもの自立を促します。これは女の子も男の子も同じです。親のほうにそのテクニックがないと、子どもにお手伝いさせても、かえって時間がかかって煩《わずら》わしくなってしまいます。

そうならないようにするには、親も勉強が必要です。家事や調理のテクニックを学んでおけば、その知識と技術が子育てにも生きるのです。

そんな余裕はないという人もいるかもしれません。自立は、教育の最終にして最高の目標です。百点満点でなくてもいいので、時間がなければないなりに、やれる範囲で少しずつ始めてみてください。

さらに言えば、生活に余裕がないことを「世の中が悪い」「政治が悪い」と言って外部の何かのせいにする人がいますが、あまり生産的とは言えません。そう言ってしまえば、実生活には何の改善も起こらず、不満だけがたまることになります。子育てはつらく苦しいものになり、幸せは遠のくばかりです。

◎「みんな仲良く」という考えはかえって危険

道徳には、社会の道徳とは別に学校の道徳もあります。これも意味をよく考えないと、問題が起きてきます。特に危ないのが「みんな仲良くしましょう」というものです。

これは誰も反対できない正論ですが、現実的ではありません。

子どもたちはまだ発達途上ですから、思慮分別のない子もいれば、何度指導しても問題を起こす子もいます。そんな環境で誰とでも仲良くしろと言うのは、かえって子どもを危険にさらすことになってしまうのです。

大人の世界でも、誰とでも仲良くするのは至難の業です。むしろ**対人関係のライフスキルで最も重要なのは、要注意人物といかに上手に距離をとるか**です。子どもなりにそのことが分かっている子は、近づいたら危ないなという子には近づきません。無視したり差別したりということではなく、上手に距離を取っています。そうすることで、トラブルを避けているのです。

学級を見ていると、いじめることもいじめられることもなく、何となくみんなの中にいて、自然に振る舞っている子がいます。そういう子の親はやはり思慮深く、他者への接し方が上手です。

◎旧来の価値観を、固定観念にとらわれず新しい視点で見直す

近年、社会的、経済的な変化によって旧来の道徳は通用しにくくなってきています。

一つ例を挙げれば、貯蓄から投資へという価値観の大転換があります。以前の日本では、堅実に働いて得たお金は預貯金に回し、安易に投資に手を出すべきではないという考えが一般的でした。投資はギャンブルという感覚が強く、実際、投資をしなくても預貯金には高い利子が付きました。

しかし今は違います。「失われた20年」とも言われる長いデフレが続き、アベノミクスが始まってからは異常とも言える超低金利が続いています。預貯金に頼っているだけでは、資産はほとんど増えず、未来の可能性を狭《せば》めています。

今や政府が音頭を取って若い人に投資を勧める時代であり、リスクを恐れず株式投資を始める若者も珍しくなくなりました。株や投資に手を出すなという戒めは、もはや過去のものです。

また、子育て世代や個人が幸せをつかむ道筋も、ライフスキルの変化を促す新しい考え方が登場してきて、食事の仕方、睡眠のとり方、家の中の整理整頓から家の造り方まで、ずいぶん変わってきました。

そう考えると、私たちも**人生で成功する方法について、固定観念にとらわれること**

なく新しい視点で考え直す時にきています。

私自身がここ数年で一番衝撃を受けたのはオートファジーです。オートファジーのメカニズムを発見した功績で、２０１６年に東京工業大学の大隅良典《おおすみよしのり》栄誉教授がノーベル生理学・医学賞を受賞しました。

オートファジーとは自食作用のことです。私たちが長時間空腹にしている間に、細胞がその内部にある古くなったタンパク質やミトコンドリアを分解して細胞自体が新しく生まれ変わる現象をいいます。しかもその過程でエネルギーを作り出すことから、一粒で二度おいしいという画期的な作用です。ダイエットや健康長寿に応用できるとして大変な反響を呼んでいます。

よく西洋式の肉中心の食事でガンなど生活習慣病が増えているといいますが、だから和食中心に切り替えたほうがいいという考えは私には疑問です。あまり肉を食べられなくて和食中心だった私たちの親や祖父母の世代は、60歳を過ぎたら立派な高齢者、老人でした。しかし、今はどうでしょうか。60歳、70歳になっても現役でバリバリ仕事をし、年齢を感じさせない人が増えています。食の洋風化によりガンなどが増えたというより、食の洋風化で寿命が延び、老人性の病気になる人が増えたということではないでしょうか。

問題は食べ過ぎです。成長が一定のレベルに達し、身長の伸びも止まった25〜26歳以降、食事は自分が必要とするエネルギー以上にとってはいけないのです。それなのに、多くの人は食欲をコントロールできず、ついつい食べ過ぎて太ってしまいます。太った分は脂肪となって体にさまざまな災いをもたらし、これが生活習慣病の原因となります。

最近、私は朝ご飯を食べなくなりました。今は1日2食です。午前より午後の仕事が中心になってきたので、私にとって一番重要な食事はランチです。エンジン全開で仕事に臨むために、その前にしっかりとエネルギーを補給する必要があり、そうすると午前11時ぐらいに昼食をとるのが理想的です。

夕ご飯については午後6時、どんなに遅くても8時までには済ませるようにしています。その上で翌日の朝食を抜くと空腹な状態が15〜17時間続き、オートファジーが働きやすくなります。それにより細胞が若返って老化を予防し、余分な脂肪も落ちて生活習慣病を遠ざけてくれるのです。

オートファジーを活用した1日2食は、ダイエットしながらアンチエイジングもでき、なおかつエネルギーも供給されるなど、いいことずくめです。ただし、気をつけなければいけないのは、脂肪が落ちるだけならいいのですが、筋肉量まで落としてしまうことです。これを避けるには運動が欠かせません。

そこで、対策として週に何回か筋トレをするようにしました。定期的に筋トレをやっていると、私のような年齢でも十分筋肉量が増えることが分かって嬉しかったですね。1年前と比べて相当体重も落ち、体が引き締まってきました。体のキレもよく、全力疾走しても何の問題もありません。

つい先日、かかりつけ医のいる病院で人間ドックを受けたところ、「すべての数値が良くなっています」と高評価をいただきました。このとき、筋トレをやっているとお話ししたのですが、医師から返ってきたのは思いもよらない言葉でした。

「ボディビルの大会、狙ったらいいですよ」

これには驚きました。いくらなんでもボディビルはやり過ぎでしょう。

「先生、ずいぶん極端なことをおっしゃいますね」

「いや、いいですよ。頑張ったらどうですか」

医師の本音がどこにあるのか私には知る由もありませんが、それはともかく、医師の言ったことはあながち的外れとも言えません。筋肉を鍛えることは、学力を高めるのと同じくらい価値あることだからです。私にとっては新しい発見でした。

筋トレは間違いなく、人間が生きていく上で欠かせない基本的なスキルの一つです。有意義な人生を送るためには、筋トレは読み書き計算に匹敵するほど大事なものだと思っています。

◎「早寝早起き朝ごはん」は子育ての知恵であり、道徳ではない

私が1日2食に変えたと言うと、「『早寝早起き朝ごはん』はどうなったんだ。あれは1日3食きちんと食べようという運動じゃなかったのか?」という声が聞こえてきそうです。それは誤解です。大切なのは成長の段階によって、望ましい食事の仕方は

違うということなのです。ですから、子どもの「早寝早起き朝ごはん」については、今も考えは全く変わっていません。私は現在も「『早寝早起き朝ごはん』全国協議会」の副会長です。

1日2食の話はあくまで午後からの仕事が多い大人が対象、成長途上の子どもは1日3食でいいのです。「早寝早起き朝ごはん」は、朝食抜きや夜更かし、睡眠不足といった子どもの生活習慣の乱れが、集中力や忍耐力を失わせ、学力の低下につながっているのではないかという観察から、私が学校で始めた運動です。

文部科学省も2006年に「『早寝早起き朝ごはん』国民運動プロジェクトチーム」を立ち上げ、以来、全国の教育現場で実践されるようになりました。

全国協議会のホームページでは、「朝食を毎日食べている子供の方が、学力調査の平均正答率や体力合計点が高い傾向にあります」と書いて、棒グラフのデータを掲げています。

それによると、例えば中学3年生の数学Aの平均正答率は、朝食を毎日食べている子が約65%なのに対し、全く食べていない子は約46%と、実に20ポイント近い差があります。（文部科学省「平成28年度全国学力・学習状況調査」）

体力合計点についても、中学2年生男子で毎日食べている子が約42％、毎日食べない子が約39％。「毎日食べている」、「食べない日もある」、「食べない日が多い」、「毎日食べない」という順に数値が低くなります。これは同女子でも同じ傾向が出ています。（スポーツ庁「平成27年度全国体力・運動能力、運動習慣等調査」）

こうしたデータは、学力・体力と朝食の摂取との間に相関関係があることを示すものです。この「朝食と学力の関係」に関するデータは、どこでとっても例外なく同じ結果になります。朝ご飯が子どもの心身に与える効果は、何らかの因果関係があると考えたほうが自然です。

これについて文部科学省は、

「朝食を食べないと、脳の活動に必要なエネルギーである糖分が補給できないばかりか、他の栄養素の補給も困難となるため、昼食を食べるまでの午前中に体温が上がらなくなり、物事に集中できない、イライラする、だるくなるなどの心身の不調が起こることがある。

文部科学省の調査でも、朝食を欠食している子供ほど、午前中調子が悪いと感じることがよくあるというデータとなっている」（文部科学省「早寝早起き朝ごはんで輝く君の未来　指導者用資料」）

と述べています。

「早寝早起き朝ごはん」が国民運動になったとき、多くの方がこれを日本の古き良き伝統と受け止めて評価されたので、そのことが私には意外でした。私が「早寝早起き朝ごはん」を提唱したのは、あくまで学校現場での観察や実践、子どもたちへの実態調査・研究に基づいていたからで、道徳的な意味はなかったのです。

「早寝早起き朝ごはん」も子育ての知恵であって、別に道徳ではないのです。

この日本人の知恵ということで私が以前から注目しているのが、『養生訓』で有名な貝原益軒《かいばらえきけん》の『和俗童子訓《わぞくどうじくん》』です。江戸時代中期の宝永7（1710）年に書かれた著作で、岩波文庫に入っています。

「わが国における最初のまとまった教育論書」（校訂・石川謙氏）とされ、その内容は

「総論をのぞくと、児童心理の発達過程にそくする一般教法と、教科内容にそくした読書法と手習法とをふくみ、べつに女子教育論をつけそえたもの」（同）です。

ここには、きちんとした指導法はこうあるべきという具体例がたくさん示されていて、とても参考になります。しかも、けっこうな毒舌で、今の子育てを見て言っているように思えるほど、現代にも通じていて、思わず笑ってしまうのです。『和俗童子訓』は貝原益軒晩年の作であり、長い人生で見聞きした豊富な経験をもとに書かれています。もちろん**封建的な儒教思想がベースにあるため、今では通用しない考えも含まれていますが、その点を差し引いても、なるほどと納得できる部分がかなりある**のです。

いくつか印象的な箇所を挙げてみます。

「小児の時より、年長ずるにいたるまで、父となり、かしづきとなる者、子のすきこのむ事ごとに心をつけて、ゑらびて、このみにまかすべからず。このむ所に打まかせて、よしあしをゑらばざれば、多くは悪《あし》きすぢに入《いり》て、後はくせとなる」「ゆだんして、其子のこのむ所にまかすべからず。ことに高家の子は、物ごとゆたかに、自由なるゆへに、このむかたに心はやくうつりやすくして、おぼれやすし。はやく戒めざれば、後に染《そ》み入《いり》ては、諫《いさ》めがたく、立かへりがたし」（巻之一）

子どもの好みに任せてはならず、まだ善悪の区別がつかないので油断してはいけない。特に良家の子どもは、恵まれた環境で自由にさせてもらえるため、自分の好きなことに熱中しておぼれやすく、後になって諫《いさ》めてももう遅いと言っています。

子どもの個性の尊重というような考えはここにはありません。個性にも良い個性と悪い個性があり、問題はどのようにその見極めをするかです。十把《じっぱ》一絡《ひとから》げに「個性尊重」と言ってしまえば、是非・善悪の区別がつかなくなる恐れがあります。

「衣服をあつくし、乳食《にゅうしょく》にあかしむれば、必ず病《やまい》多し。衣をうすくし、食をすくなくすれば、病すくなし。富貴《ふき》の家の子は、病おほくして身よはく、貧賤《ひんせん》の家の子は、病すくなくして身つよきを以て、其故をしるべし」「古語に、『凡《およ》そ小児を安からしむるには、三分の飢《うえ》と寒《かん》とを帯《お》ぶべし』、といへり。三分とは、十の内三分を云《いう》」（巻之一）

これは過保護に育てるなということです。少々寒くても薄着のほうが体が鍛えられ、丈夫になります。「三分の飢」は、現代風に言えば、腹八分目です。食べ過ぎないことが健康に良いことは私たちも知っているとおりです。

「姑息《こそく》の愛をなすべからず。……姑息とは、婦人の小児をそだつるは、愛にすぎて、小児の心にしたがひ、気にあふを云《いう》。是《これ》必ず後のわざはひとなる」（巻之一）

これは溺愛《できあい》の戒めです。子どもがかわいいからと子どもの言うことを何でもハイハイ聞いていると、わがままになり、私欲を抑えられない人間になってしまいます。それが「後のわざはひ」です。溺愛は母親に限ったことでなく父親も同じですから、両親がともに注意すべきことです。

「小児は十歳より内にて、はやくおしえ戒《いまし》むべし。性《うまれつき》悪くとも、能《よく》おしえ習はさば、必ずよくなるべし」（巻之二）

早く教育を始めれば、どんな人間でも必ず良くなるという信念が感じられます。

「ばくちにたるあそびは、なさしむべからず。小児のあそびをこのむは、つねの情《じょう》なり」（巻之一）

子どもが遊びを好むのは自然なことですが、勝った負けたの博打《ばくち》のような遊びはやめたほうがいいと言っています。現代にあてはめれば、刺激の強いゲームは好ましくないということでしょうか。他の箇所では、費用のかかる遊びに夢中になると心が勝手気ままになるので戒めるべきだとも述べています。

極めつけは、良い子に育てたければ、良い乳母に預けよと言っていることです。さらに追い打ちをかけるように、良い乳母とは、言葉少なでおだやかな女性と言っています。

私はうっかり「なるほど！」と思ってしまいました。

5カ条

読め、メモれ、筋トレせよ

◎人生を上昇気流に乗せる必須のツール一つ目は読書

人生を上昇気流に乗せてくれる必須のツールがあるとしたら何でしょうか。私は読書とメモと筋トレの三つがそれだと考えています。

まず読書ですが、これには二つの意味があります。

第一に、今の自分に必要なものは何かがある程度分かっていれば、当然それについての知識をインプットしなければなりません。知識をインプットする手段として欠かせないのが読書です。これは本や雑誌だけでなく、ネット上に散らばっているいろいろな論文、論説などを読むことも含めての読書です。

第二に、読書自体が最も簡単にできて最も効果的な脳トレだということです。脳科学の発達により、読書は脳を活性化させ、脳内の神経回路を成長させる効果があることが分かってきました。

2018年にNHKが「AIに聞いてみた　どうすんのよ!?　ニッポン　健康寿命」

という特集番組を放映したことがあります。日本は男女ともに平均寿命が長い長寿大国ですが、健康寿命と平均寿命との間にはかなりの差があります。

健康寿命は「健康上の問題で日常生活が制限されることなく生活できる期間」のことで、公表されている最新のデータでは、男性が72・14歳、女性が74・79歳です（2016年）。同じ年の平均寿命は、男性が80・98歳、女性が87・14歳ですから、両者の差は男性が約9年、女性が約12年です。

番組は、この差をできるだけ短くする、つまり健康寿命を延ばして平均寿命に近づけるにはどうすればよいかを探るため、のべ41万人の高齢者の生活習慣、日常行動などのデータをAIで分析しました。健康長寿と関係のある生活習慣や行動はどのようなものなのか。普通に考えると「週に2回以上スポーツをする」「毎日8千歩以上歩く」「毎朝ラジオ体操をする」「毎日一定量以上の野菜を摂取する」などが思い浮かびますが、AIが出した分析結果は違っていました。1位が「本や雑誌を読む」だったのです。誰も予想していないまさかの結果でした。

読書は脳トレにいいだけでなく、健康寿命も延ばしてくれる。これには見ていた私もびっくりしました。

この結果を受けて番組が紹介していたのが山梨県です。山梨県は健康寿命が長く、2016年の都道府県ランキングで男性が全国トップ、女性が全国3位と人も羨む長寿県です。ところが番組によると、同県の運動やスポーツの実施率は全国でビリ、最下位でした。では、いったい何が健康寿命に寄与しているのか、と考えてたどり着いたのが、人口10万人当たりの図書館数です。この数値が山梨県は全国平均を大きく上回り、全国1位の6・59館でした。

甲府駅前にある山梨県立図書館は外観も内装もおしゃれで、館長は言語学者の金田一秀穂《ひでほ》さんです。県全体で読書を推奨しているそうで、高齢者のみならず子どもたちにもいい影響を与えているだろうと思います。

◎漫画は読書のうちに入るか？　人生を変える読書法とは？

漫画は読書のうちに入るのかと聞かれたことがあります。結論からいうと、入りま

せん。「入る」「入らない」の2択で答えるなら後者になります。

もちろん、読まないよりはマシという程度の効果はあり、漫画の効用を否定するつもりはありません。私も娘に『ドラゴン桜』を読ませていましたから。しかし、**漫画では自分の脳を変えるほどの体験は得にくい**でしょう。

読書は活字で勝負する世界です。基本的に言葉だけが頼りです。言葉と文章から意味をくみ取り、書き手の意図や主張を把握し、登場人物の心理に思いを巡らせ、イメージや想像力をふくらませながらその内容を自分のものにしていきます。

レベルの高い本を読んでいるときは、脳は高速回転しています。本によっては先行する作品や研究を読んでいないと理解できないものもあり、その分野の基礎知識がなければちんぷんかんぷんということも珍しくありません。**だからこそ読書はチャレンジングな行為で、1冊読み終えたときは山に登ったときのような達成感があるもの**です。

このように、読書から得られるものは多く、あるレベル以上の本を一定量以上読んでいれば、人間としての力量は高まり、器も広がります。

一介の学校教員からスタートした私が、「陰山メソッド」への批判や非難を乗り越え、荒波にもまれるような経験をしながら現在の地点まで到達できたのも、若い頃の圧倒的な量の読書のおかげです。当時は気が変になるんじゃないかと思うほど読んでいました。読むのがつらくて自殺したくなったことさえあります。読んで考えていると、心が行き詰まってくるのです。

それでも、読みたい本、読まなければいけない本が山のようにあり、何かに憑《つ》かれたかのように読んでいました。そのとき読み続けたことが今の自分のベースになっています。

憑かれたように本を読むのと、時々思い出したように本を読むのとでは、その効果が全く違います。集中して読み続けているときは脳そのものが激しく活動しています(脳トレ効果)。新しい情報や知識が次々にインプットされ、効率も良くなります。相乗効果が働くのです。このような読み方をすることが、人生を変える一歩になります。

読書で人生を変えようと思っても、私の若い頃はお金をかけてたくさん本を買わなければなりませんでした。しかし今の若い人は恵まれています。Amazon の読み放題

（Kindle Unlimited　キンドル・アンリミテッド）を利用すれば、いくらでも好きな本が読める時代です。安いので「くだらない本ではないか」と思ってしまうでしょうが、結構いい本が並んでいます。「えっ、これも定額内で読めるんだ」と驚くことが多くあります。

Kindleは常時、10冊ぐらいストックしておいて、片っ端から読んでいます。特に感銘を受けた本、印象に残った本は、二重になるのを承知で紙の本も買います。自分にとって本当にいい本は、すぐに読めるようにしておきたいのです。200～300ページの本の中に宝物のように大事な箇所がたった10ページしかなくても、その10ページのために紙の本を手元に残すということは、よくあることです。それほどに言葉や情報や文章は大切なのです。

それでもKindleを使えば本代はそんなにかかりません。昔はこういう便利なサービスがなかったので、私が一番読んでいた頃、給与は十数万円なのに、毎月の本代は5万円ほどかかりました。それだけ買っていると全部読むのはとても無理です。当たりもあれば外れもあります。ざっと目を通して「こりゃ駄目だ、失敗した」というのも含めて5万円です。ただ、この時代はそうするしかなかったのです。

兵庫県の山の中ですから、家と学校を車で往復する間に1軒の本屋さんもないのです。まだインターネットもなく、新聞・雑誌の書評欄や本の紹介記事、広告、読んだ本に載っている参考文献などを手がかりに買っていました。

当時、とても役に立ったのが『ダカーポ』（1981年創刊・マガジンハウス）という雑誌です。確か300～400円ぐらいでした。そのとき流行している本や面白そうな本をずらりと載せていて、その書評で読んだ本もたくさんありました。毎号楽しみにしていましたが、休刊になると聞いたときはショックでしたね。

今はいい本が安価で、しかも簡単に手に入る時代です。これで本を読まないなんて私には考えられません。**今は簡単に人生をアップグレードできる時代**なのです。

◎書くのは自分にとって大事なことを見つけ出すため

読書の次はアウトプットです。読んだ後は大量の雑多な情報が頭の中に詰め込まれていて、脳内はいわばカオスと化しています。そのままではせっかくの情報も使い物になりません。そこで、頭の中でごちゃごちゃになっているものを一つずつノートに書き出していきます。これだけでも混沌状態が解消され、情報が整理されます。

さらに書き出したものの中から、重要だと思われることや自分にとって大事なことを絞り込んでいくと、今の自分に最も必要な情報が明確になり、そこから自分がとるべき行動も見えてきます。

こうした作業が大切なのは、読みっぱなしでは頭の中はいつまでたってもカオスのままで、時間がたてば情報が雲散《うんさん》霧消《むしょう》してしまうからです。

書くという行為は、読む以上に脳を活性化させます。書くことのメリットについては、『メモの魔力』（幻冬舎）で前田裕二氏が優れた解説を書いています。私はあそこまでメモ魔ではありませんが、ノートに書くことやメモをとることの重要性は、どんなに強調してもしすぎることはありません。

書くのは自分にとって大事なことを見つけ出すためです。そして、ここが勝負どころだなと思ったら一人会議をやります。このとき重要なのは感情ではなくロジックです。アジェンダを決めて、賛成か反対か、その根拠は何か、どんな可能性があるのか、懸念される点はあるかなど、気になるポイントを列挙していきます。賛成と反対の一人二役で議論を戦わせ、導かれた結論をもとに「じゃあ、ここから始めるか」「やっぱりこれはやめておこう」「これは何年後にしよう」などの判断を下すわけです。

ホリエモン（堀江貴文氏）のように「思い付いたらすぐやる」が最近のはやりで、それは全然間違っていないと思いますが、決断のタイミングを見るというのも悪くはありません。いろいろあっていいのです。

かつての私は都会に出て行くのは何カ月かに1回ぐらいで、大きな書店に行くのもせいぜい3〜4カ月に1回程度。そもそも決断するための情報が簡単には得られず、慌てて行動しても仕方がなかったのです。しかし今は、情報伝達の格差が一気に小さくなりました。どこにいてもチャンスは転がっています。私は羨ましく思っています。

そんな中で、読書を通じていろいろなデータを集め、メモをとって考えをまとめ、「今はこれをやろう」「これは2〜3年後」「これは自分が将来世に出たときのためにとっておこう」などと仕分けを行い、優先順位を付けてさまざまな活動をしてきました。

そうやって形になったものが教育における「陰山メソッド」です。ビジネスでは、たっぷり方眼メモやプロジェクト管理ページなどたくさんのアイデアを盛り込んだ『陰山手帳』（ダイヤモンド社）、出張の多い人向けのビジネスバッグ『K－モデル』とビジネスリュックの『"K-model" バックパック』（マンハッタンパッセージ）、暮らしでは「子どもが賢く育つ家づくり」をキャッチフレーズにした『かげやまモデル』の家（セキスイハイム）、先にご紹介した『スタディタイム』（セイコー）などを世に送り出すことができました。

その昔、私は『BTOOL』（1988年創刊・ナツメ出版企画）という雑誌をとっていました。まだパソコンが出てくる前です。システム手帳が登場して、カレンダーや予定表、メモ帳などいろいろな用紙を差し替えできるリフィルという考え方が広まったのが、ちょうど私が山口小学校の教員になった頃です。手持ちの情報を効率よく管理したいと考えていた人たちが飛びつきました。『BTOOL』にはこうした情報がふんだんに載っていて、使い勝手のよい最先端の文房具を紹介してくれる雑誌でした。

システム手帳に書き付けるにはどんな文房具がいいのか、下敷きは要るのか、そんなこともこの雑誌で学びました。

その後、シャープの「ザウルス」に代表されるPDA（携帯情報端末）が出てきました。これはスマホの走りと言っていいものですが、このデジタルの機能とアナログを組み合わせて何か教材ができないかとずっと考えていて、現在、ある企業とコラボして実用化する話が進んでいます。

これら一般の教員や教育者の枠を超えた活動のもとになったアイデアは、すべて20代、30代の読書とメモからきています。

◎筋トレは成功と幸せの必須項目

読書、メモに続いて三つ目が筋トレです。

この筋トレは、中学・高校の正課にしてもいいと私は本気で思います。それほどに効果は大きい。中高生のときになじんでおけば、卒業してからも続けられます。筋トレは自己流でやっては駄目で、ちゃんと理論・理屈を知ってからやるべきもの。学校の正課になれば、その理論・理屈を学べるので、変なやり方をしなくて済むでしょう。

よく聞くのは、病院で生活習慣病予備軍と診断された人が、医師から「運動しなさい」と言われ、一念発起して筋トレを始めたものの、筋肉を痛めて運動できなくなってしまったという話です。スクワットなどは安易にやると膝を痛めます。

それでも、健康で長生きしようと思えば筋トレは欠かせません。例えば、猫背になるのは背中の筋肉の衰えが原因の一つです。そこで背骨と左右の肩甲骨をつないでいる菱形筋《りょうけいきん》を収縮させてやると、背筋が伸びて猫背が矯正されます。歩きながら、両腕を後ろにぐっとそらしたり緩めたりを繰り返すだけでも効果があります。こういった知識を持つことは、実は読み書き計算の習熟と、その重要性において差はないのです。

体に異変を感じてから知識を仕入れて対応するよりも、若くて元気いっぱいの頃から知って健康維持に努めたほうがいいに決まっています。昔は筋トレに注目する人はあまりいませんでした。しかし昔と今とでは、人生で成功するため、幸せになるために知っておかなくてはならない内容がだいぶ変わっています。**今や筋トレは成功と幸せの必須項目**とすら、私は思います。

私が本格的に筋トレに挑戦しようと思うきっかけとなった1分ほどの映像があります。これを見て強烈なショックを受けました。誰のトレーニング映像かというと、笑われるかもしれませんが、アナウンサーの田中みな実さんです。

あざといキャラで有名だったあの田中アナが、見事にスリムで引き締まった体型になっていたこと、そしてそういう体型をつくるために努力してきたことを知って感動したのです。

彼女が話していることも考えていることも以前とそんなに変わっているようには見えないのに、最近はすっかり綺麗《きれい》になり、同性からの好感度も上がって尊敬と憧れの眼差しで見られるようになっています。それはなぜだろうと思っていたら、一番の理由は筋トレだったのです。

その筋トレの風景をテレビが取り上げて、ほんの1分ぐらいですが映像を流していました。失礼ながらちゃらちゃらしているように見える彼女が、パーソナルトレーナーの下で、かなりハードな筋トレをやっているのを見て本当に驚きました。「やるなあ」と。

これで私もスイッチが入りました。こんな若い子でもこんなに頑張っているんだと思ったら、自分も負けてはいられないと思い、それから本格的に取り組みました。馬鹿ですね。

ジムには前から通っていたのに効果らしい効果がなかったため、早速パーソナルトレーナーに付いてもらいました。なぜパーソナルトレーナーが必要かといえば、自分一人では理屈が分からないからです。どの筋肉をどう鍛えればどういう効果があり、何が改善されるのかということを知らなかったのです。それまではランニングマシンにしろ何にしろ全部、自己流です。やり方が悪かったのか、ほとんど効果がありませんでした。

田中さんの動画の中にあったパーソナルトレーナーの存在、実はこれこそが決定的だと思いました。すると面白いもので、その頃自宅近くにパーソナルトレーニングジムができたのです。そして、パーソナルトレーナーをお願いしたのが7月。9月にはもうはっきりした変化を感じました。体のラインが変わってきて、鏡に映った自分の姿が以前の体型ではなくなりました。ファスティング（断食）やビタミンサプリの効果もあり、わずか3カ月で脂肪が落ち、筋肉質の体になってきました。嬉しかったですね。大きな仕事をやり遂げたときのような充足感、達成感があり、パワーがあふれてくるのを感じたのです。

この変化は人に伝わります。やせたとか筋肉質になったというのは、ただ単に見た目だけではなくて、そこに至る当人の努力があってその姿になっているわけです。すると、親しかった人たちの私に対する接し方が変わりました。日常的に接している人は、何かやっているらしい程度の反応ですが、半年とか1年ぶりで会った人たちは一様に驚いた表情になります。そして一段格上の人間になったかのように扱われるから不思議です。

ダイエットに挑戦する人は大勢いますが、成功するのはなかなか大変です。それなのに陰山は短期間で成功した、よっぽど努力したんだろうという目で見てくれます。

今ではジムでの自己流の筋トレがいかに意味がなかったかよく分かります。私の場合、単にジム通いをするだけでは駄目で、パーソナルトレーナーなしでは期待した効果は得られなかったのです。意外なことに、私の知り合いでも、成功している人はみんなパーソナルトレーナーを付けています。

トレーナーは一人ひとりに合ったトレーニングプランを作ってくれます。それだけでなく、私たちに正確な知識を教えてくれます。衝撃だったのは、私がスクワットをやっているときに、「陰山先生、ちょっとごめんなさいね」と言って、脚のどこかをつんと押されました。その瞬間、ずしっと体重がかかって体が沈んだのです。軽く触っただけなのに、どんな魔法を使ったのかと思ったほどです。

左右にレールがあり、そのレールに付いたバーベルを持ち上げるマシンがあります。それでバーベルをやっているときに、「足をあと5センチ前へ出してください」と言われました。後ろに体重をかけるような感じで持ち上げるのですが、その5センチの差で重さが全く違います。足の位置のたった5センチの違いがどういう結果につながるか、彼らはプロとして熟知しているわけです。

私たちが子どもに百ます計算をやらせるとき、「そのやり方は違うから、こうしたほうがいいよ」と言うのと一緒です。素人から見ればどうでもいいように見えることでも、ツボが分かっているプロから見れば、絶対許されないということがあるのです。

自己流の筋トレではそれが分かりません。

正しい知識を知って筋トレをやりましょう。パーソナルトレーナーを付けて。**若い人も、子育て中のお父さん、お母さんも、どんどんチャレンジしましょう。それで人生が変わります。**

6カ条

苦しいときにもがいて得たものこそ本物だ

◎とことん追い詰められたら、常識の枠から飛び出す

幸せや成功を手にするための条件は何でしょうか。昨今のコロナ禍で挫折を余儀なくされた人もいるように、人生には「谷」がつきものです。常に順風満帆というわけにはいきません。それでも、中には知恵を振り絞って逆境をはね返した人もいます。

人間の真価が問われるのは困難にぶつかったときです。私自身の拙い経験から教訓を引き出せば、困難を克服する方法はひたすらもがくことです。こん畜生と思いながらも必死にもがく。明るく元気にもがいていれば何とかなるものです。

実に不思議なのですが、**このもがいているときにつかんだものは、次に何かあったときに爆発的な威力を発揮します。また困難の極みで思い付いた内容は、起死回生の策となることがある**のです。

私のこれまでの教育実践も、とことん追い詰められたときに常識ではあり得ないことをやってみて、それがいつも予想を超えて、子どもを伸ばしたのです。

思い切って常識の枠から飛び出してみる。追いつめられたときの掟《おきて》破りこそ、困難に打ち勝つ秘訣《ひけつ》というのが私の教訓です。

山口小学校で3年生を受け持っていたときのこと。3年生は漢字の学習が一気に難しくなる学年です。ここを乗り越えられるかどうかが4年生以降の学習に大きく影響します。漢字ができないと、他の教科でも教科書が読めない、問題文の意味が分からないといったことが起きてくるからです。

そこで一生懸命教えたわけですが、子どもたちはいくらやっても覚えられない。ある調査によると、漢字の書くほうの正答率は小1で全国平均が9割を超えますが、小3になると7割まで落ちます。そして、4年生以上は6割近くまで下がってしまいます。

漢字を覚えさせようとしてよくやるのは、同じ漢字を繰り返し書かせるやり方です。一つの漢字につき例えば10回書かせたりします。しかしこれはマイナス効果しかありません。子どもは回数を消化することで頭がいっぱいで、覚えることは二の次になるからです。

1学年で覚えなければならない漢字は3年生以上は約200。1学期から教えてきて2学期の後半に漢字200字を全部まとめてもう一度教え、それでテストをしてみても全然できていない。これだけ丁寧に教えても駄目なのかとさんざん悩みました。どうしていいか分からなくなりました。そこでやったのは、12月に1年分の漢字を教えてしまい、それを冬休みに覚えさせ、3学期に繰り返し練習させるというものです。「この200字、全部覚えてこい」。しかし、漢字はみんな苦手なので、宿題にしてもちゃんとやらないのは目に見えています。そこで宿題を子どもに渡さないで親に渡すことにしました。休み中、親に意識してもらい、子どもの逃げ道をなくしたわけです。

このとき一つの工夫をしました。「冬休み終了後、ただちにこの漢字テストを行う」と宣言したのです。そのテストは、宿題にした200問の漢字プリントと同じです。宿題と全く同じものがテストに出るのなら、子どもたちも一生懸命やるのではないかと考えました。

それでも、子どもたちが本当に宿題をやってくるかどうかは分かりません。そもそも200問もある漢字プリントを冬休みの宿題に出すなんて前代未聞です。一度に2

00問のテストをするというのもおよそ考えられない。私のやったことは完全に常識外れでした。

そして、冬休み明けのテスト、衝撃でした。それまで20問テストで30点しか取れない子がざらにいたのに、そのときは一度に1年分、200問のテストなのに、満点が続出して最低点は80点でした。

全く考えられないことでした。一部の教員たちから「おまえ一体何やってるんだ。そんなに子どもをいたぶってどうするんだ」と忠告されました。でも、私とすれば「ごめん、みんな80点以上なんだけど」という話です。結果を話すと、みんな黙りました。

やってみて気づいたのは、田舎ですから冬休みは旅行しないのです。家族でハワイに行くという子なんていません。みんな家にいるので、宿題の量が多くても子どもたちはやってくれて、親もちゃんと見てくれました。

子どもたちが全員、漢字を読み書きできるようになるというのは、常識的に考えれば非常識極まりない目標です。しかし、「非常識な目標のためなら非常識な手段も許される」と、私の勝手な理屈で強行突破したのです。

これがきっかけで、そのあとは5月のゴールデンウィーク前に1年分の漢字を教え、それ以降は繰り返し練習するという学習法にしました。すると全員が満点近くになり、秋の終わりからは、忘れていそうな時期にテストを繰り返す以外、宿題にする必要もなくなりました。

200問の漢字テストをやって、どの子がどの漢字をできないのか記録をとると、間違えやすい漢字はどれかが明確になります。

そこで子どもたちに「おい、おまえの覚えてない漢字はこれだけや。この漢字、これから間違えたら許さへんからな」とか言って練習させると、その漢字が子どもの頭にパーンと入ります。そうするともう間違えなくなるのです。

これで子どもも教える教師のほうもずっと楽になったのです。

◎コロナ禍、絶体絶命のピンチから生まれた「高速授業」

コロナ禍に見舞われた2020年度、全国の学校はどこも思うように授業が進められず苦悩していました。そんな中、市をあげて私の提案に沿った取り組みをしてくれたのが福岡県田川市です。

学校の一斉休校が最初に実施されたのは2020年3月。4月7日には7都府県に国の緊急事態宣言が発出され、同16日には対象が全国に拡大されました。これに伴い必然的に休校措置も延長されました。新年度が始まっていきなり休校という誰も経験したことのない事態が起きたのです。

さあ、どうしたらいいのか。絶体絶命のピンチをチャンスに変える方法はないのか。田川市から相談を受けた私は、これをチャンスと思って次のような提案をしました。

田川市では数年前から、市ぐるみで陰山メソッドを導入し、全小学校で毎朝15分、百ます計算や漢字学習を行ってきました。これで学力の土台ができていると判断した私は、1年分の学習内容を12月に終えるというプランを出しました。

「まず私の作った『たったこれだけプリント』（小学館、小1と小2は国語・算数、小3〜小6は国社算理。計6点）を児童全員に与え、4〜5月の休校期間中に1年分の予習を家庭でやらせてください。その後は6月から12月の間に1年分の学習を高速度でやりましょう。家庭学習で予習が終わっていれば、例年の半分の期間でも問題なくできるはずです。そうすれば、1月、2月に第2波が来ようが第3波が来ようが3学期は総復習だけすればよく、学習に遅れが生じることは絶対にありません。結局、予習、高速授業、総復習と同じことを3回やるのです。成績はもっと伸びるはずです」

『たったこれだけプリント』とは、各学年で習う主要4教科（低学年は2教科）の重要ポイントを精選して1冊にまとめた教材です。1年間に学ぶ内容は相当な量があると思うかもしれませんが、エキスだけを取り出せば意外と少ないものです。実際、B5サイズのこの教材は、4教科全部入って高学年でも96ページしかありません。1、2年生は2教科64ページです。予習用と復習用のどちらにも使えます。

田川市は、この無謀とも思える私の提案を全面的に受け入れてくれました。早速『たったこれだけプリント』を公費で購入し、子どもたちに自習用として配付、これを使って家庭学習するよう指導したのです。同時に新出漢字も家庭で予習してもらいました。そして、休校措置が解除された後は、私の提案どおり、先生方は集中的な高速授業に取り組んでくれました。

2カ月も休校期間があり、いつ第2波、第3波が来て再度休校になるかもしれないという状況で子どもの学力を伸ばすには、この方法、つまり高速学習しかないと私は考えました。

陰山メソッドを知らない人から見たら、まさに常識外れのとんでもないやり方です。教員や保護者から「ふざけんな陰山！」という声が殺到することも覚悟していました。ところが、いざ始めてみると、不思議なくらい苦情も不平不満も出ずに粛々と進んだのです。

ちょっと拍子抜けして市の担当者に聞いてみたら、驚くべき答えが返ってきました。「信じる者は救われます。今まで陰山先生が言われたとおりにしたら、そのとおり子どもは伸びましたので……」

数年前、陰山メソッドを導入した頃は半信半疑だったのでしょうが、良さそうだからと信じてやってみたらうまくいった。今度もきっとうまくいくだろう。信じる者は救われるんだと。この言葉には私も胸が熱くなりました。

それで今どうなったかというと、学力爆上げというほど急上昇したのです。田川市はコロナがあろうとなかろうと、2021年度もこのやり方でいくそうです。子どもたちの成績は、コロナ禍の非常事態にもかかわらず、すべての小学校の成績が急上昇し、特に算数は全国平均を下回る学校はなくなり、上位の小学校は全国でもトップクラスになるまで上昇していたのです。先生方も予習を前提に授業ができるので、すごく楽になったそうで、学校は大いに盛り上がっているそうです。

◎ゆっくり丁寧な指導法では子どもは伸びない

さらに田川市の金川《かながわ》小学校では、この非常識とも言える教育実践に全力で取り組まれました。

それまで、金川小学校は学力向上に努力するも、なかなか成果に結びつかないと悩んでおられたそうです。そこで金川小をテコ入れすることになり、陰山メソッドを熟知している先生が教頭として入り、市教育委員会は同校を研究指定校にしました。私も依頼されてたびたび応援に入りました。

幸い結果はすぐ表れ、読み書き計算の力が急上昇しました。この結果を知って、私はあることを思い付きました。田川市内の小学校では先ほど述べたように高速授業を行っていました。このスピードをさらに速めた超高速授業を行い、子どもたちがどこまで付いてこられるか見てみたいと思ったのです。

盤石な基礎力があれば、高速授業に付いていくことは可能であり、そのほうがゆっくり丁寧に行う授業よりもはるかに効果的です。多くの人が勘違いしているのですが、**ゆっくりで丁寧な指導は子どもをだらだらさせてしまい、時間がかかる割に成果の上がらない指導法**です。しばしば子どもは注意力散漫になって落ち着きを失います。**これに対して高速授業は、短時間の集中学習で子どもを一気に「分かる」ところまで引き上げます。だらだらする暇を与えないから**です。

ただし、これをやるには基礎基本が定着していなければなりません。堅固な土台のできていることが、高速授業をやる条件です。

私は金川小ではこの土台ができたと判断し、実験的に、高速授業の上を行く超高速授業をやってみることにしました。超高速とはどのくらい高速なのか。通常の高速授業は、教科書3～5時間分の授業を1時間で行います。私はあえて高い目標を設定し、1単元×10時間分の授業を1時間でやろうと決めました。

2020年9月、金川小の6年生のクラスで、算数の「比とその利用」という単元を1時間で指導する授業を行いました。私自身も初めての試みで、うまくできる自信はなく、どこまで高速化できるか限界に挑戦してみようという気持ちでした。このクラスの子どもたちは、百ます計算をほとんどの子が2分を切っていると聞いていました。それほどの力があるなら何とかなるはずです。

実際に教えてみると、確かにそれなりの授業にはなったものの、私の自己評価は100点満点にはほど遠い結果でした。時間が足りなくて、子どもたちを十分理解させられない箇所が残りました。付いてこられない子どもも1～2割いました。特に遅れの目立つ子が2人いたのが心残りでした。

その日の授業は録画され、教育委員会は「これから田川市内のすべての先生にお見せして、これをもとに研修してもらいます。これをモデルにします」とおっしゃるので、それだけは勘弁してほしいとお願いしました。

自分としては不満の残る授業でしたから。「こんな問題のある授業を広げてもらったら困る。そもそも私のメンツが丸つぶれだよ」と冗談まじりに言ったのですが、「いや、よかったですよ。大丈夫ですよ」とひどく楽観的なのです。

3日後、教頭先生から電話がかかってきました。

「陰山先生、大変なことになりました」

「申し訳ない。やっぱり問題点が噴き出しましたか」

「何を言ってるんですか。あの学級が一気に伸びたんですよ」

「はあ？」

教頭先生の話は信じがたいものでした。私の授業の翌日、担任の先生が1時間、落ち穂拾いのように足りないところを補い、さらにその翌日、テストをしたら学級平均が94点とかつてない高得点だったそうです。それまでは、どんなに頑張っても平均点は80点台半ばだったのに。

遅れていた2人の子についても聞いてみました。

「あの子たちはどうなりました？」

「陰山先生が気にされていた2人ですね。100点と95点でしたよ」

「一体何があったんですか」

「いや、陰山先生、それを聞きたいのは私のほうです」

本当にびっくりしました。読み書き計算などを地道にやってきて基礎力が付いていたこと、そして既に1年分の予習を『たったこれだけプリント』で終えていたこと、この二つがベースにあったので、10倍速の超高速授業プラス補充授業がかつてない結果を生んだのでしょう。ツボにはまれば、子どもは予想を超えて伸びるものなのです。

結局、**勉強とは集中する練習**なのです。**ゆっくり、丁寧に、時間をかけて定着させるというやり方では、子どもは集中力が高まらず、学力を高めることができません。短時間で一気に分からせないといけない。そのためには、分かるだけの基礎的な読み書き計算能力、ある程度の基礎知識（つまり予習）、そして高速授業（超高速授業）という3本柱が必要**だということがわかったのです。

このことを知った金川小の若い先生方の間では、もう5倍速の授業が当たり前になってきました。5時間分の授業を1時間でやっています。教科書の中の重要なところを絞りこみ、教材化し、一気にやらせてしまうのです。新任の先生でも、コツさえつかめばできるようになります。一番いいのは学校ぐるみで取り組むことですが、他の学級の先生がやっているのを見るだけでも、得るところは多いのです。

これを無理、無謀だと思うのは、成功事例を学ぼうとしないからです。私は、自分で実際にやってみて、子どもたちがぐんぐん伸びる姿をこの目で見てきました。しかし一般の先生方は、高速授業で達成された風景を見たことがありません。だから想像ができないし、イメージが湧かない。ゆっくり、丁寧に、時間をかけてやることが、子どもたち全員に分からせる唯一の方法だと思い込んでいます。これもゆっくり丁寧がいいという、道徳的な観念にとらわれているからです。

わが子の授業参観に出て、「進み方が遅いなあ」と思われた親御さんは多いのではないでしょうか。教科書1ページ分に2〜3時間かけたり、算数なら1問に1時間かけたりといったことが、現実に行われています。頑張って勉強させても、テストは100点満点でせいぜい平均60点から80点。「全員分かる」「一人の取りこぼしもしない」からはほど遠いのに、まあ、こんなものかで終わっているのです。

高速授業で「分かる」ようになると、子どもたちはスイスイ勝手に勉強するようになります。これは家庭でも同じです。やり方さえ間違えなければ、子どもたちは必ずできるようになります。私はそういう風景をたくさん見てきました。私が関わって、どうしようもないまま終わったという事例は、ほとんどありません。成績が超伸びたか、かなり伸びたかの違いだけで、普通以上の伸びをしている点では同じです。

この休校期間中、私のTwitterを見た親御さんたちの多くが、家庭で同じように1年分の予習を私の『たったこれだけプリント』（小学館）や『おうちゼミ』（学研プラス）を使ってやらせました。すると、1年分の予習をたった1種類のドリルで2カ月程度やっただけで、学校再開後、低位だった子がいきなりトップクラスになったというような報告が数十件Twitterに寄せられたのです。

陰山メソッドは現在、福岡県飯塚市や田川市、宮崎県延岡市、新潟県糸魚川市、香川県善通寺市、滋賀県竜王町がそれぞれ市や町をあげた取り組みを進め、佐賀県神埼市、山形県長井市、岩手県一関市などでは地域内の多くの小学校が導入しています。このほか、学校単位で実践しているところも全国各地にあります。

陰山メソッドを取り入れた学校からは、ＩＱ（知能指数）70～90の子どもたちが地域のトップ校に合格した、特別支援学級の子どもが普通学級の子どもを追い抜いた等々、嬉しい知らせが次々と私のもとへ届きます。それを聞くたびに、私のほうが信じられない気持ちになるのです。

子どもは必ず伸びるのです。しかも劇的に。子どもが伸びないのは、子どもを伸ばせない授業が一般的だからです。

7カ条

人生は「傾向・対策・全集中」でうまくいく

◎後の陰山メソッドにつながる「一発逆転勉強法」

私の試験対策は「傾向・対策・全集中」です。しかし「傾向・対策・全集中」は決して高校や大学受験生の専売特許ではありません。この言葉は人生全般に通用します。なぜなら、人生とは受験の連続のようなものだからです。

そもそも社会で働くためには受験を突破しなければならないことが多く、その成否は人生の行方を左右します。公務員、弁護士、医師、看護師、建築士、教員など、どの国家資格や職を得るにも受験が付いて回ります。民間企業に就職する際は採用試験がありますし、入社したあとも、キャリアアップのためには、しばしば何らかの資格取得が求められます。社内の試験もあります。

「傾向・対策・全集中」は受験テクニックの一種ですが、このテクニックを身につけることは私たちにとって「生きる力」になります。受験を突破することで、人生の新しい扉が開け、自分の夢や目標に近づくことができるからです。

受験学力は本当の学力ではない、と言う人がいます。確かにその通りです。しかし、現代を生きる力であることは間違いありません。軽視はできません。

学校で成績優秀な子が、それでも塾通いをするのは、公教育ではこの受験テクニックがなかなか身につかないからです。いくら成績が良くても、志望する高校や大学に落ちたのでは何にもなりません。志望校に合格しなければ自分の未来は開けないと思い、なおかつ学校では受験テクニックが学べないと思った子は、必然的に塾や予備校に通います。彼らは自分の未来を豊かなものにするために、この社会を生き抜く力を求めているのです。

陰山メソッドは2000年代に入って全国的に認知されるようになりました。百ます計算や漢字のドリルが爆発的に普及し始めたのもその頃です。ただ、陰山メソッド自体ができたのはそれよりも早く、私が1989年頃に赴任した山口小学校時代です。メソッドの基本型は比較的短期間のうちに出来上がりました。認知されるまで時間がかかったのは、やはり「基礎基本の徹底反復で応用力まで身につく」という考え方が常識外れで、簡単には信じてもらえなかったためでしょう。

その頃、自分がこんな型破りな方法を短期間でそれなりの形にできたのはなぜだろうかと、ふと自分自身に疑問を抱きました。いろいろ考えているうちに、はっと思い当たりました。結局、これは自分の体験がもとになっているからだと。まだ教師になる前、自分で実践して驚異的な成果を収めたことが土台になり、自分にできたのだから誰にでもできるだろうと考えたことが出発点となっていたのです。

陰山メソッドとは、私自身の人生逆転法を一般化したものです。その心は何かといえば、「傾向・対策・全集中」です。私がこれを獲得したのは、大学受験と教員採用試験のときでした。

私の高校時代の成績はお世辞にも良かったとは言えません。それどころか高3の秋の模擬試験で岡山大学の合格可能性が5~25%でした。良くてもたったの25%です。A~Eの5段階評価ならEでしょう。受けてもまず受からないだろうというレベルです。

いまだに忘れられないのが担任の先生の言葉です。

「陰山、25%の合格可能性というのはな、4回受けて1回通るという意味じゃないんだぞ」

これには頭にきました。名言でもありますが。夏の模試だったら言われてもしようがないと思ったかもしれませんが、季節はもう秋です。嫌みな助言（？）に腹が立って「絶対合格してやる」と決意しました。真剣に受験勉強を始めたのはそのときです。

岡大を選んだ理由は、親から「私学はお金がかかるから、国立大学に行ってほしい」と言われていたことが一つ。最初に考えたのは、家から一番近い鳥取大学です。しかし、山陰は雪が降るので気が進みませんでした。

となると、神戸大学、岡山大学、広島大学などがリストに上がりますが、ちょうど大学改革が取り沙汰されており、受験生の負担を減らそうという動きが出ていました。そのせいか岡大は私の苦手な数学が数Ⅰだけでした。当時、国立は数Ⅱ・Bまであるのが普通で、数Ⅰで受験できるのは全国に二つか三つしかなかったと思います。これが決め手となって岡大に絞りました。

第一志望が決まり、次はどうやって攻略するかです。どんな問題が出るんだろうと思って高校の図書館に行くと、たまたま岡大の過去問集がありました。その頃はまだ過去問をやるのが当たり前という時代ではなく、図書館に行ってもその手の本は少なかったのでラッキーでした。

実は、岡大を志望しながら、本音を言うと私は京都の私大に行きたかったのです。そこで模擬試験を名目に一度だけ京都に行かせてもらいました。「本番の雰囲気を知っとかなきゃいけないだろう」とかなんとか無理を言って。

そのとき四条河原町あたりをフラフラ歩いていたら古本屋がたくさん並んでいて、その中のある店で岡大の古い過去問集を見つけました。過去問の最新版はもう買ってあったので、これで計3冊、過去10年分の過去問がそろったわけです。

そうして手に入れた過去問を家に帰って研究してみると、なんと同じ問題が何度も出ているではありませんか。「同じ」と言って悪ければ、「同じような」問題。答えは同じでも違う聞き方をしてくるような問題です。どう考えても同一人物が出題しているとしか思えない問題がたくさんありました。

受験まであと3～4カ月、正攻法で勉強しても絶対間に合いません。合格の可能性は最大25%です。しかし、10年分の過去問が手元にあり、出題傾向は分かりました。ならば対策はおのずと明らかで、毎年のように出ている問題を何度も解いて完璧に頭に入れること、そして出題頻度の高い分野の勉強に集中しました。

もともと好奇心旺盛だった私は社会と理科は得意でした。この2教科で高得点を取りさえすれば、残りはそこそこでも合格点に届くという作戦です。

本番にはヤマを張って臨みましたが、これはもう面白いように当たりました。社会はどんなに悪くても90点は超えました。その代わり数学は50点満点で10点ぐらい。まあ、予想どおりです。英語は難問が多く、よほど優秀な受験生でなければ50点を超えるのは難しかったと思います。ここはできそうな問題だけ確実に取って、100点満点中の30点ぐらい。国語はまあまあで平均点をクリアといったところです。

数学は点数が悪いですが、平均点も低いのでそんなに響きません。意外なところで正念場だったのが理科です。

当時はセンター試験が導入される前の一発試験です。私の記憶では、1日目が国語と数学、2日目が社会と英語、そして最終日が理科1科目でした。

その問題用紙が配られたときのことは今も忘れられません。会場のあちこちから

「えっ、えっ」という声が上がったのです。

なぜなら、全く見たことのない問題が並んでいたからです。生物でしたが、魚が泳いでいくときに、魚が右に傾いたら体の中はどう動くか、左に傾いたらどう動くかというような、今で言うところの考える問題なのです。「何だこれ」と私も思いましたし、受験生はみんな驚いたはずです。

教科書にも過去問にも全く出てこない問題。ここで焦ってドギマギしたら頭が働かなくなっておしまいです。こういうときはとにかく冷静になること。そうやって心を落ち着かせると、何のことはない、問題文をきちんと読み込んで一つひとつ考えていけば、答えはおのずと論理的に出てくることが分かりました。要するに、論理クイズのようなものです。それに気づいて解き始めたら、だいたい8割は取れました。暗記に頼って答えを書こうとした受験生はボロボロだったようです。

岡大は私の高校からその年12～13人受けて、私よりも成績のいい生徒がみんな落ちました。通ったのは3人だけです。うち2人は神戸大でも阪大でも通るくらいの成績だったのに、無理することはないと安全路線をとった者たちです。他の、岡大ならほぼ通るだろうと思われていた実力者組は全員落ちて、その中の最下位だった私が通ったのです。

私を含めた3人は同じ学部を受験し、受験票の番号が並びでした。というのは、受験するとき、高校でまとめて申し込みをする方法と個人で直接大学に申し込む方法の二通りあり、みんな最後まで迷っていたので個人で申し込んでいました。ところが、私たち3人は迷うことなく岡大と決めていたので学校を通して申し込んだのです。3人とも岡大の傾向に気がついていたからかもしれません。

私が、やればできるという感覚を持ったのは、この成功体験に負うところが大きい。それまでは結構ネガティブで、走ればビリ、勉強してもビリ、いいところは全くありませんでした。

忘れられないのは合格発表です。突然、電報が届きました。私は家にいたのに気がつかなくて、隣家のおばさんが代わりに受け取ってくれました。私は「いったい何があったんだろう。もしかして親戚の誰かが亡くなったのかな。それとも病気か?」などと不審に思いながら受け取りました。配達してくれた人が「いい知らせなので、帰られたら電報が来てると伝えてあげてくださいとおばさんに言い置いてくれていたそうです。

その日が合格発表の日ならピンと来ますが、違うのです。発表は確か2〜3日後でした。それで訳が分からないまま中を見ると「ゴウカク　オカダイ」とあり、きょとんとしたことを覚えています。

だいたい予定日より早く来るのがおかしい。しかも、合否の電報は「サクラサク」か「サクラチル」が定番です。直球で「ゴウカク　オカダイ」と打ってくるなんて思ってもみませんでした。ひょっとしていたずらかなと思ったほどです。合格発表の日が早まったことは、あとで知りました。

当時の電報はまだ汚くて、文字が鮮明に読み取れませんでした。一番上に「フ」とあるんじゃないかと不安で何度も読み返し、どう読んでもこれは「ゴウカク」だと分かった瞬間、素っ頓狂な声を上げて「通った、通った、通った」と大騒ぎです。3月生まれで体も小さく、コンプレックスの塊で何をやっても自信がなかった私が、この合格によって、初めて大きな達成感を得たのです。この日は、私の人生の大きな分岐点になったようです。この合格には、傾向と対策に加え、受験直前に必死で学習に取り組んだ全集中の1カ月間がありました。

岡大を受ける前に、私は私大を2校受けていました。立命館と関西大学です。龍谷大も受けたらどうかと言われて申し込みはしたのですが、妙に強気になってしまい受けませんでした。岡大に絶対通る自信があったからです。

しかし、関大は落ちました。立命館も落ちました。自分の中では密かな第一志望が立命館だったので、さすがにショックでした。岡大に傾向と対策を合わせて、過去問を解けばどの年度の試験も合格点を5点か10点上回るところまできていたので、絶対大丈夫だと思う一方、現実には私大を2校とも落ちて後がなくなったのです。

私大の結果が出てから岡大受験までの約1カ月は、これまで以上に、本当に鬼のように勉強しました。

そして、これが後の陰山メソッドの「全集中」(集中して行う徹底反復学習)につながるのです。私自身、このやり方が、自分の一生を決することになったと気付くのは、それから何十年もあとのことでした。

◎傾向・対策・全集中で絶対不可能な教員採用試験に合格

念願かなって岡大に合格したあと、次の試練は卒業時にやってきました。私は学生時代、放送部に所属して活動し、就職先は放送局と決めていました。

第一志望はＲＳＫ山陽放送です。どうしてもＲＳＫに行きたくて万全の準備をして採用試験に臨んだのです。しかし、結果はまさかの不合格。絶対通ると思っていただけにダメージが大きく、第二志望、第三志望も落ちました。

それでも放送局に行きたくてどこかないかと探していたら、ＲＫＣ高知放送が大学4年の2月に受験させてくれました。

私は単位はきっちり計算して取っていて、最後の単位を認定してもらえば大学は卒業できる状態にしてありました。なのでＲＫＣに最後の望みをつないだのですが、ここで大問題が起きます。ＲＫＣ高知放送の結果発表よりも、大学を4年で卒業するかどうかを決める日が先に来てしまったのです。もし大学卒業を決めて、その後ＲＫＣ

を落ちてしまったら、就職先がないまま、卒業することになります。

当時は今と違って新卒採用しかない時代です。中途採用もなく、卒業した年に就職できなかった学生は、まともな民間企業はもうどこも相手にしてくれません。そこで、就職が見込めない学生はわざと1年留年して、再度企業の採用試験を受けるのです。

このときは本当に悩みました。RKCに受かればそこへ行くわけですから卒業しておかないといけません。となると道は二つに一つです。就職先がないまま大学を卒業するか、1年後に自分の夢をかなえて晴れて大学を卒業するか。まるで博打です。

卒業に必要な最後の単位を認定してもらう教授には「自分の運と今日までの努力を信じます。だから卒業させてください」と言って卒業を決めました。その3日か4日後です、RKC高知放送から「あいにくですが」という不合格通知が届いたのは。

これで何もないままの大学卒業となりました。居場所がなくなった私は、大学合格からの4年間の夢が崩れていくのを感じました。

残された道は、公務員試験を受けるか、教員採用試験を受けるくらいしかありません。親からは、放送局を落ちたら田舎に帰って教師になれと言われていたので、仕方がないから教員採用試験を受けようか、というところに追い込まれました。しかし、在学中から教師になる気は全くありませんでした。放送局以外は眼中になかったのです。

よく「目の前が真っ暗になる」と言いますが、本当にそうです。不合格通知を受け取ったときは、目の前にカシャッと幕が下りて、一瞬何も見えなくなりました。人生で初めて味わった絶望とどん底の体験です。

私は完全に夢遊病者のようになってしまい、「とにかく落ち着け、そのためには歩こう」と思い、岡山駅まで歩きました。駅の東側には柳川の大きなロータリーがあり、そこまでまっすぐ大通りが走っています。途中にいくつか交差点があるのですが、私は柳川に着くまで絶対に止まらないで歩くと決めたのです。信号機が赤だろうが黄色だろうが関係ない。ひたすら歩き続けて、それで交通事故に遭って死んだら俺の人生はその程度のものだと（絶対に真似しないでくださいね）。

幸い、事故に遭うことなく柳川までたどり着きました。トラックの運転手には怒鳴られましたけど。「ああ、俺まだ運を残してる」と、このとき我に返りました。逆転のストーリーが始まったのはここからです。

RKCを落ちたのが3月初旬。教員採用試験は7月の最終日曜日です。「親の言うとおり教師になるしかないか」と決めた時点で、私は教員採用試験がどこの主催で、どこで行われ、どんな問題が出るのか何一つ知りませんでした。

試験が7月末と分かったときは驚愕しました。当時は教職浪人がごろごろいたほど試験は難しく、それなのに準備期間はたった4カ月しかないのです。普通なら翌年7月の試験に照準を合わせて挑戦するところですが、私にはそんな余裕はありません。

そこで私は腹を括《くく》りました。試験問題の傾向を分析して、徹底的に対策を立てて勉強する。それで駄目なら別の道を探すと。早速、教職教養、一般教養など3冊の過去問集を買い求めて調べてみました。そのとき分かったのは、ここでも新しい問題が出ることは少なく、出題傾向はおおよそ固定化していたことです。これで対策が決まりました。

「この3冊の過去問を全問解いて、答えを丸暗記するまで繰り返しやればいい。未知の問題が出たら捨てる。それは他の受験生も同じだ」と勝手に決めて、勉強を始めたのです。

あとは試験までこの方針どおり、徹底的にやるだけです。ただ、これは口で言うほど簡単ではありません。何しろ時間がない。過去問1冊で約300ページあります。3冊でほぼ1千ページ。7月末までに間に合うとは思えませんでした。

しかも面倒なことに、3月中に大学の下宿を追い出されるので新しい下宿を探して引っ越さなければいけない。佛教大学の通信教育課程の申し込みもしなければいけない。そんなこんなで4月中はほとんど勉強できませんでした。

この佛教大学の通信教育課程には、教員免許を取るために入学しました。ここで1年間に13科目のレポートと試験に一つ残らず合格しないと教員免許がもらえないのです。たとえ教員採用試験に合格できても、免許状がなければ教員にはなれないのです。

つまり、教員採用試験の1次、2次、面接と、佛教大学の13科目と夏のスクリーニング、そして教育実習、これらを一つ残らずクリアしないと翌年から教員として勤務できないわけです。

どう考えても不可能としか思えないプランです。まるで3千メートルのハードル走に挑むようなもの。完全に未知の世界です。しかしとにかくやるしかありません。本格的に勉強を始めたのが5月です。傾向と対策を踏まえて、過去問3冊をものすごい勢いでやりました。それこそ寝てるか食べてるか勉強してるかみたいな毎日です。

そして、生活費を稼ぐバイトのとき以外は、日付や曜日、昼夜の区別がつかないほど没頭しました。そうしてようやく千ページを終えたとき、私は「今日は何日なんだ？」と思いました。その日はなんと5月21日。千ページを3週間で終えていたのです。驚きました。しかし、これならやれると思ったのです。さらに不思議だったのは、2回目の学習に入ると、結構覚えていて、2回目の千ページはたったの1週間で終えられたのです。あとは試験日まで何度も反復して勉強し、無事1次試験を突破しました。

この**傾向と対策と全集中が陰山メソッドと重なっている**ことは、だいぶあとになって気づいたことです。**過去問をやることは基礎基本を叩き込むことに相当し、全集中は徹底反復学習を行うことです。またこれらを時間を決めてやることで嫌でも集中力が培われます。**

もう一つ、あとになって気づいたことがあります。試験対策で勉強していたあの5月に、私の知能指数は劇的に上がっていたはずです。集中して勉強しているので、やればやるほど賢くなるわけで、脳そのものが高機能化していって知能指数が急上昇していたと思われます。たった20日間で私の脳みそは別物に生まれ変わっていたはずなのです。余談ですが、近年私は世に名を残す有名人と会うことが多いのですが、意外にこの没頭したガリ勉体験をしている人が多いように思います。

1次試験合格後は、全体を網羅する試験はそこで終わっているので、2次試験にしろ残りの13科目にしろ、学習は比較的楽に進みました。基礎基本はもう頭に入っているからです。

その頃から親の仕送りはほとんど期待できなくなり、生活費はすべて自分で稼がなければならなくなりました。やむなくアルバイトに精を出しながらの勉強です。バイト先の人たちは、そんな私を「あんたが教師になる姿を見てみたいわ」と応援してくれました。その言葉は、教師になってからも私の支えとなりました。そうやって教員採用試験に合格し、教員免許状を取得して、ようやく定職に就くことができました。

不思議なのは、放送局に入りたくて、教師にだけはなりたくなかった私が、結局、親の願いどおり教師になってしまったことです。なったあとは、山口小学校での実践をもとに陰山メソッドを確立し、45歳で尾道市立土堂小学校の校長に就任（公募）、「ゆとり教育」の見直しに取り組んだり、大阪府の教育委員長になったり、全国に陰山メソッドを広げる活動をしたり、自分で塾を開いたりと、雲の上で誰かがシナリオを書いているんじゃないかと思うほど、1本の道をまっすぐ進んできて、しかもそれは今も継続中だと感じるのです。

その一方、エフエム東京や中国放送、RSK山陽放送で自分のラジオ番組もやっています。とあるご縁から始まった「陰山英男の放課後ラジオ」（中国放送）は、番組スタートから14年目を迎え、今も続いています。結局ラジオDJになるという夢も実現しているのです。熱意を持っていれば、必ず応援してくれる人が現れる。数えきれないほど多くの人の応援があって、私は今にいたっています。

人間、諦めずもがき続けることだと思うのです。

8カ条

非現実を妄想せよ、現実は後からついてくる

◎妄想するだけならタダ！　妄想するなら壮大なストーリーを描け

「壮大なストーリーを描け」は子育てについてもそうですが、自分自身の人生にも通じます。**思い切り高い理想や目標を掲げて、その実現を夢見ながら歩む**のです。**一心に願い続ければひょんなことから願いがかなうことがあります。自分でも知らないうちに物事が運んで、いつの間にか実現してしまうこともあり、時にはその理想を超えて現実が動くことさえある**のですから。だから「非現実を妄想せよ、現実は後からついてくる」と考えてほしいのです。

私は就活に失敗して、生きるか死ぬかの瀬戸際に立たされました。生きるほうを選択して、そこから私の再チャレンジが始まりました。あとは親に言われるまま教師になるしかないと腹を決めましたが、後ろ向きの気持ちのままではまずいだろうと思い、柳川のロータリーからの帰りに気持ちを切り替えました。

当時、私が放送局に入ってアナウンサーになったら、あの人を目指そうと思っていたのが久米宏さんです。その夢がかなうことは永遠にないけれども、別のかたちでなら久米さんに近づくことができるのではないか。そう思ったとき、あるストーリーが頭に浮かびました。

「俺はもう第二の久米宏になることはできない。だったら決めた！　久米宏の横に座って久米宏にインタビューされる教師になろう」

まさに妄想です。人に言えば笑われたかもしれません。でも、そのストーリーを思いついたとき、私は元気を取り戻せたのです。

そして23年後、この夢は実現したのです。久米さんがメインキャスターの「ニュースステーション」で。

もう感慨無量。その12分間、私は天国にいるような気持ちでした。

「ニュースステーション」（テレビ朝日系列。現在の「報道ステーション」の前身）は高い視聴率を誇った超人気報道番組です。私が生出演したのはたぶん午後10時半から11時の間だったと思いますが、番組側は9分も時間を取ってくれました。ところが、実際には12分30秒もインタビューに時間を使っていたのです。

久米さんが私の夢のことをスタッフから聞いていて、少しでも長く時間を取ってあげようと、あと30秒長ければ放送事故になるところまで引っ張ってくれたそうです。それはインタビューが終わったあと、私の担当者が教えてくれました。

「いやあ、副調整室はみんな殺気立ってて大変だったんですよ」

「なんでですか。意味が分かりません」

「久米さんが陰山さんのために、インタビューの時間を独断でギリギリまで引っ張ったんですよ」

「えっ、なんでですか」

「それは陰山さんは久米さんに憧れて放送局を目指してたということを事前にスタッフが伝えたからでしょうねえ」

控え室でこんな話をしていると久米さんが入ってきて、「いやあ、陰山先生、よかったねえ」と喜んでくれました。私はそれだけで胸がいっぱいで声も出せませんでしたが、久米さんはたたみかけるように「サインしてあげようか」と言うのです。私は校長研修から直接テレビ朝日に向かったので、サイン色紙は持ってきていなかったので、それも彼が用意してくれました。

「黒よりも金のマジックのほうが映えるんだよね。そうだ、金のマジックも取ってきてあげる」

周りのスタッフはみんなポカーンとしていました。私が不思議に思ってどうしたのか聞くと、「あの人はゲストにあとから会うなんてことは過去一度もなかったですよ。あなたが初めてです」と言うのです。

アナウンサーの試験は独特です。それだけに青春をかけて準備してきた者がぶつかり合う、厳しい闘いです。しかし、みんなライバルであると同時に、その特別な闘いを共有する同志でもあります。おそらく久米さんはそのことを知っているからこそ、配慮してくれたのだと思うのです。

この「ニュースステーション」への出演は簡単に決まったわけではありません。発端は2000年10月にNHKの「クローズアップ現代」に出演したことです。これがすさまじい反響を呼んで、当時勤務していた兵庫県の山口小学校に全国から視察依頼が殺到したのです。これに学校側がまいってしまって、今後メディアの取材には一切応じないという方針が決められました。

個人で取材を受けることはできたのですが、私が学校の中を紹介したり教室の様子を見せたりすることはできないわけです。

「ニュースステーション」からオファーがあったのは、出演する1年近く前です。当然、私の単独インタビューでは絵になりません。報道番組である以上、「学校の中で動いている陰山先生の画が撮れないとニュースにはできない」と言われました。そこで、テレビ朝日が学校や教育委員会に何度も何度も交渉してくれたのです。そのたびに山口小学校は不許可。残る可能性は一つ、私の出演が許される学校に移ることでした。

私は2003年4月に尾道市の土堂小学校の校長に就任します。ゆとり教育批判が渦巻く中、県を越えて、学力向上の具体像を示すため、私は土堂小学校を目指したのですが、それ以外にもう一つ。久米さんにインタビューされることが目的だったのです。

放送があったのはその年の確か5月10日でした。その日は広島市内で開かれた新任校長の研修会に参加し、夕方5時に会が終わるやいなや、ただちに広島空港まで車を走らせ、飛行機に飛び乗って何とか番組に間に合ったのです。

あとで聞いたら、校長会に出ていた人たちが「あれ、あいつ、ついさっきまで一緒にいたのにテレビに出てる。これは収録なのか?」といぶかしんでいたそうです。

というわけで、私が久米さんにたどり着くには、23年が必要だったのです。そして、番組スタッフの1年近くに及ぶ粘り強い交渉も必要でした。その上で受けたインタビューだったので、久米さん単独の判断で3分半延長することも決められたのだと思います。

副調整室は本当にどうなるんだろうと青ざめていたようですが、久米さんは私にはそれらを一切感づかせませんでした。あとで事情を聞いて、「これが本当のプロだな。神様はよく知っておられる。俺には無理だ」と思いました。

この経験を通じ、やはり私は教師になるしかなかった、これこそが天職だったんだと思えるようになりました。

また、学生時代のエピソードも思い出しました。

教育学部の友人がバイトしているカフェを訪ねたときのことです。そこのママさんとも仲良くしゃべったあと、私は一人で帰ったのですが、このママさんは、私が教育学部ではないということを知ると「あれっ、陰山君って教育学部じゃないの？　でも陰山君は教師になると思う。それもいい教師になると思うけどな」と言っていたそうです。

当時、私はアナウンサーしか考えていなかったので不快に思えたのですが、意外に他者のほうが人の資質が見えているのかもしれません。信念を貫くことも立派ですが、いろいろな人の話を聞くのもいいでしょうね。

◎ポジティブな妄想は人間が前向きに生きるための知恵

私は本を出すことについても、ある妄想を抱いていました。それは30代で最初の著書を出すというものでした。40代では遅い、30代のうちに第一作を出すのだと心に固く誓っていたのです。

しかし、この妄想は実現しませんでした。

1998年3月、とうとう今日で30代も最後という日が来てしまい、私は妄想を形にできなかったことが悲しくて、家に帰る気にならず、車を走らせ日本海まで行きました。

「バカヤロー！　何やってるんだ」

胸にたまった鬱憤《うっぷん》を吐き出しながら、海の見える丘で一人、大泣きしたことを、今も鮮明に覚えています。本当に馬鹿ですね。完全な一人相撲の妄想なのですから。

原稿はとっくにできていました。1996年から97年にかけて2週間で原稿を書き上げ、いくつかの出版社に持ち込んだのですが、相手にされませんでした。当時は、陰山メソッドで育った子どもたちが有名大学への合格を果たす前です。まだ世間の誰もが納得するような実績がありませんでした。基礎基本が重要だ、読み書き計算が大事だと訴えても、出版社や編集者にはピント外れとしか映らなかったようです。

やるだけのことはやりました。でも、出版は相手のあることです。向こうが断るというなら仕方ありません。

しかし、面白いもので、大泣きしたら我に返りました。発散してスッキリしたせいか、急にお腹が減ってきて、私は車を飛ばして家に帰ることにしました。本当に単純です。

しかし、ここから新たな妄想が始まります。私は考えました、一体これはどういうことなんだと。

「この原稿が本にならないことにはどんな意味があるんだろう。そうだ。まだその時じゃないということだ。この本は後々ベストセラーになる原稿だから、今出したらいけないいんだ」

なんということはありません。この段階では目標を果たせなかった自分に対し、負け惜しみを言っているだけのことです。

でも、私はそれでまた元気が出てきたのです。というのも、原稿の中身には絶対の自信があったからです。

「この原稿は日本の教育界に大激震を与えるすごい内容だ。出せば必ずベストセラーになる。その時を待たないといけない。この本はそういう運命にある以上、この本の出版社はトップクラスの出版社でないといけない。そもそも出してもらえそうな出版社に持ち込んだのが間違いだった」

そして、その出版社はどこか考えました。そして思い付いたのです。文藝春秋です。なぜ文藝春秋かといえば、理由はあの田中角栄を辞任に追い込んだ会社だから。一国の宰相のクビを取るという、とんでもないことをやってのけた出版社。それが私の同社に対するイメージでした。馬鹿もここまでくれば立派です。それだけで一人盛り上がったのです。

その後、私はＮＨＫの「クローズアップ現代」に出て、それを見た小学館とＰＨＰ研究所の人が来てくれてそれぞれ本を出すことになります。しかし、この原稿のことは一切口にしませんでした。文藝春秋以外では出さないと決めていたからです。

そうはいっても、所詮これは私の片思いです。いつまでも遅らせていると内容が古びてしまいます。

「やっぱりそんなことあるはずないよな。そろそろ潮時か……。今日の放課後にでも、どこかの出版社に電話して原稿を見てもらおう」と思った矢先のことでした。その日の昼休み、学校に電話がかかってきました。

「文藝春秋の下山と申しますが……」

何というタイミングでしょうか。こんなことがあるんだろうかと信じられない思いでした。「キター！」。

この電話がきっかけとなって本の編集が始まり、最終的に2002年3月、私の原稿は『本当の学力をつける本』というタイトルで文藝春秋から刊行されることになったのです。

面白かったのは、本が出た直後、インターネットで知り合った全国の友人や知り合いが何人も連絡してきて「本当に出版したのか」と聞かれたことです。

「どこの本屋に行っても置いてないぞ」

「おかしいな。そんなはずないんだけど」

出版社に確認して状況が判明しました。『本当の学力をつける本』は本屋の店頭に並ぶそばから売れてしまい、書店から消えていたのです。

結局、同書は50万部の大ベストセラーになり、今も文春文庫に入って読み継がれています。

冷静に考えるととても不思議な話で、**妄想の力は大きい**なと改めて感じます。妄想は、人の心を良くも悪くもします。たとえ現実が厳しくても、明るい未来を思い描けば希望を持って生きられます。その未来は「久米宏のインタビューを受ける」や「文藝春秋から本を出す」のように、途方もないことでいいのです。

非現実的なことでも、実現したらすごいと思えるようなことを妄想したら、それだけで心が明るくなるではありませんか。**すると人は無意識のうちに前向きに努力し始める**のです。だからこそ、馬鹿と思えるほど、大きく明るく妄想するのがいいのです。

◎自分のラジオ番組を継続させるために誕生した『かげやまモデル』の家

現役の教員時代、毎年家庭訪問をしました。今は玄関先で済ませることも増えていますが、昔は家に上がってリビングや客間で面談することもありました。普段よその家の玄関から奥へ上がる機会は滅多にありませんから、家庭訪問はいろいろなご家庭の家の造りや間取りが分かる貴重な機会でした。

家庭訪問を繰り返すうちに、家の造りと子どもの持っている雰囲気が似ていることに気がつきました。それをきっかけに私は家族が幸せになれる家とはどういうものだろうかと考えるようになりました。いるだけで気持ちが明るくなる家、あるいは気持ちが落ち着く家、家族が一体感を持てて、なおかつ一人ひとりに居場所がある家、子どもが自然と読書に親しみ勉強したくなる家、子どもが友達を連れてきたくなる家、ご近所づきあいのしやすい家……、幸せな家の条件はいろいろです。

自分で家を建てようとしたときは、本や雑誌を読んで得た知識に加えて、家庭訪問をしながら考えたことがとても役に立ちました。ノートを3冊も使い切るほどいろいろな間取り図を書いて研究したものです。しかし、この計画は諸般の事情から実現しませんでした。

私が思い描いた理想の家は、子どもが小さいときに建てることを想定しています。それは家族が幸せに暮らせると同時に、子育てがしやすく、子どもは伸び伸びできて、お手伝いも勉強も好きになるような家です。

自分では建てられませんでしたが、この理想の家が全国津々浦々に建つようになったらなんと素敵でしょう。これは妄想というほどではないのですが、いつしか私のささやかな夢になりました。

この夢をかなえてくれたのが大手ハウスメーカーのセキスイハイムです。「子どもが賢く育つ家づくり」をキャッチフレーズに『かげやまモデル』と名付けた家の建築・販売を始めたのです。2009年のことです。

思えば、セキスイハイムとの出合いもユニークでした。

あるとき、朗読CDを販売している会社から、私にテレビCMへの出演依頼がありました。私が音読は子どもの学力を高めるのにいいと言っていたので、声がかかったようです。

そのCMを収録する場所がエフエム東京でした。「テレビCMなのにどうして?」と思いましたが、理由は簡単で、依頼をくれた人がエフエム東京を脱サラした人だったのです。なるほどと納得してエフエム東京へ行き、CMを収録しました。

これで一仕事完了です。

しかしながら、エフエム東京は私にとって憧れの放送局です。放送は私が学生時代に熱中し、就活でもそれ一本に絞った最愛の職業です。それで黙っていられなくなった私がエフエム東京も憧れの会社の一つでしたと話したら、では会社見学していきますかと言われ、担当者がスタジオを案内してくれました。

そのときスタジオを見て驚いたのは、エフエム東京の音響機器は全部、最先端のヨーロッパ製だったことです。あのマイクはオーストリアのAKG社製、この調整卓はスイスのスチューダー社製、これはすごいと一人で興奮していました。

それを見ていたエフエム東京の人が呆気《あっけ》にとられて、「どうしてそんなに詳しいんですか」と聞いてきました。

「僕はここでラジオDJをやるのが夢だったんですよ」

「そうでしたか。では、いつかここで番組を持てることがあったらいいですね」

本当にそうなったらいいなと思いましたが、もちろんこれは社交辞令です。一通り見学したら、話はここで終わるはずでした。

ところが終わらなかったのです。そのエフエム東京を脱サラした人が、何を思ったのか「陰山先生の夢をかなえてあげたい」と言い出したのです。彼は本気でした。ウソのようなホントの話です。

彼は私の夢を実現するためにスポンサー、つまり番組の提供会社を探してくれて、そこで名前が挙がったのがセキスイハイムだったのです。期間は半年。こうして、あれよあれよという間にエフエム東京で私の番組「陰山英男のヒューマン・ラボ」が始まることになりました。

DJといっても話す内容はほとんど教育のことでしたが、とにかく事態の急展開には驚くばかりで、諦めていた大学以来の願いがかない、私は天にも昇る心地でした。しかも、受験するのもはばかられる雲の上の存在、エフエム東京です。

そして半年後、契約満了の日が近づいてきました。でも、「半年経ったので番組終了です」と言われて、素直に受け入れられるでしょうか。自分の番組を持たせてもらって、憧れのDJをやっているのに、わずか半年で終わってしまうなんてとても考えられません。人間とは欲深いもので、ないならないで諦めていたものが、一度手に入れると手放したくなくなります。

そこでエフエム東京の相方の女性アナウンサーとディレクターに相談して、「どうしたらこの番組を継続できますか」と率直に聞いてみました。

「陰山先生、番組の質がいいから番組を続けられるというものじゃないんです」

「それは分かります。聴取率が良くないといけないんですよね」

「違うんですよ」

「えっ。番組が良くても駄目、聴取率が良くても駄目って、じゃあどうしたらいいんですか」

「スポンサーが付き続けることが大事なんです」

これを聞いて脳がピピッと反応しました。

「ということはなんだ、俺がセキスイハイムの家を売ればいいってことか」

我ながらよく思い付くなと感心します。「あの家庭訪問から学んだ『子どもの伸びる家づくり』のアイデアが役に立つかも」。

そう思ったら善は急げです。

「我に策あり。俺がセキスイハイムの家を売る」。そして、ただちに動きました。

セキスイハイムの住宅展示場に出向いて、子育て世代の理想の家について、私なりの持論を披露したのです。そこには同社の研究所の人や営業販売の担当者、会社の上層部の方々も来ておられました。

私のアイデアの一番のポイントは、リビングに学習環境を用意することです。リビング学習という概念や言葉はここから生まれました。ダイニングテーブルとは別に、キッチンから見える明るい窓際に横長のテーブル（カウンターデスク）を置いて、子どもたちがそこで勉強できるようにするのです。キッチンは対面式にします。これだと親御さんは家事をしながら斜め後ろから子どもの様子を見ることができますし、子どもは親に見守られながら、何かあれば振り向いて親に質問したり話しかけたりできます。

よくダイニングテーブルで勉強させている家がありますが、これでは親に監視されているかたちになって、子どもは緊張感を覚えます。またキッチンに近すぎるため、調理しているときの音が響いて子どもは勉強に集中できません。食事時になるとノート、ドリル、教科書から文房具に至るまでいったん全部片付けなければいけないのも、子どもには負担になります。テーブルや座る位置で学習効率は大きく変わるのです。
キッチンは親子二人が快適に動けるだけのスペースを確保します。キッチンスペースに余裕があると親子で楽しく料理ができ、子どもは喜んでお手伝いするようになります。ここではお手伝いする子は落ち着いているという教訓が生きています。

リビングには大きめの本棚を置いて、子どもが興味を持ちそうな本や図鑑をたくさん並べると効果的です。本棚は家のあちこちにあるのが望ましく、トイレを広い空間にして、そこにも本棚を設けるとよいでしょう。これは我が家で実証済みだったことです。

こんな話をたくさんさせてもらいました。反応は上々、「面白いじゃないか。やろう」ということになり、私とのコラボで『かげやまモデル』の家が誕生したのです。

実際に売り出したら話題になって多く売れました。実は売り上げ金額で言えば、私の最大のヒット商品は教材ではありません。家なのです。

人気を決定的にしたのは、北海道での成功です。

札幌の住宅展示場で女性社員たちが、従来の見せ方ではアピール度に欠けると考え、モデルルームのディスプレイを朝の雑然とした雰囲気に模様替えしました。夜の夫婦の落ち着いた時間を演出するのがモデルルームの定番です。それをやめて、朝の時間帯に子どもが騒いで散らかっている状態を見せるという常識外れなことをやったのです。子育て世代にとっては、そのほうが実際に住んだときの状態をイメージしやすいわけです。

これが当たりました。北海道はもともとセキスイハイムの強いところだったそうで、これで一気に火が付いて全国に広まりました。

おかげで私はそれから3年半、エフエム東京の番組を継続できたのです。

振り返ると、夢のＤＪは、それとは何の関係もない理想の家を考え続けたことから生まれたのです。人生とはそういうものなのです。

9カ条

節約するな、借金せよ

◎20代は借金してでも自己投資すべき

私が若かった頃、ちょっとした心配ごとがあって、ある先輩に相談したことがあります。そのとき先輩からもらった言葉が、その後の私の人生に非常に大きな影響を与えました。

先輩からはこう言われたのです。

「陰山、**カネなんてそんなもん何とでもなる。重要なのはおまえの気持ちや**」

カネは何とでもなるとは大胆な発言ですが、実際のところ、普通に勤めていれば、ほとんどの人は何とかなっているわけです。**たとえ毎月赤字で借金がかさんでも、やり方次第でいくらでも取り返せる、問題は自分の気持ち**だと教えられました。

では、どんな気持ちを持てばいいのでしょうか。私はあとのことは考えず、借金は自分への投資だと開き直っていたのです。

20代の私は、本代や旅行代をはじめ自己研鑽《けんさん》のために膨大なお金を使いました。本代だけでも毎月5万円ほどかかっています。20代は安月給ですからボーナスがあっても毎年赤字です。結婚したときは膨大な借金（といっても200万円ほどですが）を抱えていました。

妻には結婚してから打ち明けたので、話が違うとずいぶん叱られました。新婚旅行の費用も「俺が出すから任せておけ」と頼りがいのある夫を演出したのですが、実は共済組合からまた借金して行ったのです。

「君との大切な時間のためなんだ」とかなんとか、あとで言い訳しましたけど、すっかり呆れられてしまいました。

あの当時は、自分の中から湧き上がる知識への欲求を抑えられませんでした。心の向くまま必要と思った本や雑誌は、一切ブレーキをかけることなく、借金をしてでも買って読んでいました。借金については、いつか何とかなるだろうぐらいの気持ちです。先輩の助言をいいことに、仕事にのめりこんでいたのです。

しかし、結果としてそれがよかったのです。あのとき借金してでも自分に投資していなかったら、今の私はありません。20代、30代で買いたい放題本を買い、いろいろな知識を貪欲に吸収したことで、それが学校の授業研究に役立っただけでなく、後々思いもよらないかたちで実を結びました。

借金漬けで先が見えなかったのが、あとになって何百倍、何千倍になって返ってきました。ビジネスで成功した私のヒット商品は、20代、30代で得た知識がヒントになっているものばかりです。

自分のやりたいことや自分自身のバージョンアップのためにお金に糸目をつけず、たくさん本を読んで、必要ならどこへでも行って、膨大な知識を蓄積してきました。

結局、お金というのは人に付いてくるものです。しっかりした知識の裏付けがあり、そこにユニークなアイデアが加わると、「それ、商品化したら面白いんじゃない」という話も出てくるわけです。

とはいえ、一朝一夕にそんな人間になれるはずもありません。思い切ってお金を投入して、自分自身をグレードアップするしかないのです。

特に**20代の若い人は、自分が稼いだお金の範囲内で生活しようと考えるのは、やめたほうがいい。将来のために自己投資するなら20代**です。**その一番大事な時期に節約**

していたのでは、一度しかない人生あまりにももったいない。むしろ借金してでも投資すべきです。

投資とは、未来の自分から借金することです。遊びのための借金とは違います。豊かになった未来の自分の姿をイメージして、そのために何をすればいいのか考える。そうすれば、やることはおのずと見えてきます。

◎ちょうどいいものがなかったから、陰山モデルのかばんが生まれた

私がプロデュースした商品に、陰山モデルのかばんがあります。それまで東京と京都を行き来するとき、入れる荷物はいっぱいあるのに、たくさん収納できて整理がしやすく、使い勝手の良いかばんがありませんでした。

パソコンやタブレット端末などの情報関連ツールに資料、ノート、筆記具などの仕事道具、さらに身だしなみを整える生活アイテム、着替えなどを要領よく詰めて、

軽々と持ち運べるバッグが欲しかったのです。

それまでずいぶんいろいろなかばんを試したのですが、これはというかばんには出合えませんでした。

いいものがないなら自分で作るしかありません。あるエージェントに「俺用のバッグを作ってくれるかばん屋さんを探してくれ。一般に販売もして売れたら一挙両得やん」と都合のいいことを言って頼んだところ、マンハッタンパッセージという会社が手を挙げてくれたのです。

同社と何度も話し合いを重ねるうちに、向こうも不思議に思ったようです。「陰山さん、なんでそんなにかばんに詳しいんですか」と。実は理由があるのです。

私が20代で2校目に勤務したのが、現在の豊岡市立三方小学校（兵庫県）です。この豊岡市は、西日本最大のかばんの生産地でした。家庭訪問に行くと、かばん工場というお宅が結構あるのです。家族経営でお母さんも仕事をしていますから、「先生、玄関じゃなくて工場のほうに来てください」と言われ、工場内でよく面談しました。

当時からかばんには関心があったので、家庭訪問に行くときは、かばん工場のお宅は最後に回しました。これでたっぷり時間が取れます。最初に子どもの話をして、終わったらあとはゆっくりかばん談義です。

　豊岡では例年8月に柳祭りが開かれます。そこでかばんの即売会があり、各工場の職人たちが試作品を出品します。いろいろな工夫を凝《こ》らしたかばんや、やたら自己主張の強いとんがったデザインのかばんが並んでいて、値段は格安です。夕方になるとたたき売りになり、一つ500円くらいということもあります。いいものを見つけると、私はそれを二つ三つ買って帰っては、それぞれのパーツを組み替えて自分なりの陰山バッグを作っていました。

　そうやってプロからレクチャーを受け、自作のかばんも作っていたので、かばんには並々ならぬ思い入れがあるんだと話したわけです。

　またマンハッタンパッセージは、テレビドラマの主人公が使うなど、ブランド力があり、いいものしか作らない、そして長く売る、というプロ意識の高いメーカーでした。そうしたメーカーとコラボできたのは幸運としか言いようがありません。20代は本当になんでもやっておくものなのです。

陰山モデルのかばんは、ビジネスバッグの『K－モデル』、『"K-model"バックパック』の2種類を販売してもらっています。もう10年近くたちますが、どれもまだ現役です。

このかばんの商品化も、さかのぼれば20代のときに種がまかれたのです。

「必要は発明の母」「窮すれば通ず」と言いますが、陰山メソッドにしても、『かげやまモデル』の家にしても、陰山モデルのかばんにしても、「もっとよくしたい」「どうすればよくなるのか」という本気の思いから生まれるアイデアは、ともすると人生を好転させる鍵にもなり得るのです。

10カ条

貴重なのはお金ではない、時間だ

◎悩む時間こそ無駄。その時間を価値あることに使う

お金はやり方次第で無限に稼ぐことができます。いざとなったら借りて増やすこともできます。

これに対して、**時間は誰にとっても1日24時間、1年365日と決まっていて、誰かから時間を借りることはできません。**

つまり、**限られた時間の使い方が人生を分けるポイント**だということです。

「お金がないからあれができない、これができない」と嘆く人がいますが、そうやってくよくよ悩んでいること自体、時間の使い方が無駄なのです。悩んでお金が増えるならいくらでも悩めばいいですが、それはありません。ならば、その時間を何か価値あることのために使ったほうがよほど有意義です。

今は格差社会という言葉が生まれるほど、低所得にあえぐ人が増え、コロナ禍がそれに追い打ちをかけているといわれます。

少子化を伝えるニュース番組で、30歳ぐらいの男性が「非正規なので所得が少なくて、結婚したくてもできない」と語っていたのを見て、思わず「しっかりしろ！」と言いたくなりました。

私たちより上の世代には、結婚当初は狭い部屋に住んで、ろくに食べるものもなかったというカップルがごろごろいます。「お金がないから結婚できない」などと考えていたら、相手が見つかるはずがないのです。

本当に結婚したいのなら、「お金がなくても一緒に苦労してくれる人を探そう」と、もっとポジティブな気持ちでいてほしい。そのほうがいい相手に出会える確率は高くなるのではないでしょうか。

二人で一緒に住んで共働きすれば、一人暮らしのときよりも生活には余裕ができるはずです。あとは豊かになる日を夢見て二人で頑張ればいいのです。結婚とは、苦楽を共にする生活なのですから。楽だけを共有するなんて、そもそもあり得ないのです。

私も結婚したときは借金もあって、ボロアパート住まいでしたが、幸せでした。楽しいことだけを求めていたら、それは難しく、苦しく感じるでしょう。

小学校の教員時代、授業がうまくいかなくて先生方が悩むということはよくありました。それは私も同じです。でも、大変な思いをしてようやく得た職だっただけに、私にとっては苦しくても楽しい日々でした。他の先生方が悩んでいる時間に、私は教材作りに励んだのです。

プリントやドリルは手作りです。工夫を凝らし、アイデアを盛り込んで、どうしたら子どもたちが喜んでやってくれるだろうか、またどんな教材だったら力がつくだろうかと考えながら作っていました。あの頃は、将来それが市販されることになるとは想像すらしませんでした。でも、そのとき作った教材が後に注目されて、全国の学校や家庭で使われるようになったのです。ただ悩んでため息をついていただけでは、何も生まれなかったはずです。

また、お金がなくて困ったとき、私はよくパチンコ屋に行きました。副業なんてできませんから、稼ぐために行くのでこちらも真剣です。一時期は毎日のように行って研究しました。そうすると、どの台が出てどの台が出にくいか、ある程度分かるようになります。これも傾向と対策、そして全集中です。

元手は2、3千円。2万円を狙うと集中力が切れて痛い目に遭うので、だいたい1万円勝ったら出てくるのが鉄則です。勝率は3勝1敗ぐらいでした。勝てばストレスの発散にもなりますし、稼いだお金で日用品を買ったり、飲み会の資金にしたり、本を買うこともありました。

あまり褒められた方法ではないのですが、目的のために手段を選ばないとなれば、いろいろな方法があるわけです。「お金がない」と嘆いているよりもずっと生産的です。**大事なことは、時間の最も有効な使い方を絶えず考えること**です。自分の24時間で、ここは仕事のための時間、ここは投資に使う時間、ここは家族のための時間、自分の好きなことをやる時間と、それぞれ意義のある時間にしていきたい。悩み事ができても、「これって今悩むべきなの？　1週間後でもいいんじゃないの？」と自分に問いかけました。とにかく前向きです。

やることはたくさんある一方、時間は有限ですから、無駄をなくそうと思ったら無駄なことを考えている時間はありません。自分では「時間を味方につける」という言い方をよくしていました。**得する時間の使い方を考えずに、だらだら悩んで無為に過**

ごすというのが、最も損な生き方です。

時間管理ができるようになると、つまらない用事を人から押し付けられることが、嫌で嫌でたまらなくなりました。自分の時間を奪われたことになりますから。

自分が何かをするときは、必ず時間が必要になってくるので、何にどれだけ時間を使うのか、そのタイミングは今なのか、ということをいつも考えてきました。あとは、その全体の計画の中で必要なお金を割り振ればいいだけです。

時間の重要性について、一つ分かりやすい例を挙げましょう。

今、郊外の店でバーゲンセールをやっているとします。そこへ行くのに1時間かかるとして、自分の時間の価値を、つまり時給を仮に安く1000円と見積もると、往復2時間2000円かかることになります。ところが、安売りで得するのが実は1000円分しかなかったら、トータルではマイナス1000円になります。これではお買い得とはいえません。時間給1000円で往復2時間かかるなら、セールがあっても行かないという判断をするのが合理的です。

こうやって自分の行動を時間給で換算するクセを付けておくと、無駄な行動をしなくて済みます。

おまけやポイントを追いかけることも、同じ観点から見直してみる必要がありそうです。時間のかからないネット通販などは別ですが、どこかへ足を運んでおまけやポイントを入手する場合は、時間給に換算したコストを頭に入れて本当にお得なのか考えたほうがいい。おまけ制度やポイント制度は悪いことではありませんが、そこに入れ込みすぎることによって無駄に時間やお金を使うというのは賢い生き方ではありません。

自分の欲しいものだけ買えば十分です。買ったものにおまけやポイントが付いたら、それはそれでラッキーと思えばいい。その程度の話です。そうでないと、企業側の思惑に乗せられて、いたずらに自分の時間を無駄にすることになりかねません。それにくだらないものが増えれば、それは生活の質を下げます。整理のための時間や空間で消耗しますしね。

◎「お金よりも時間」。資金を投じて、仕事の生産性を何百倍にも引き上げる

貴重な時間を有効に使うには、時には惜しみなく資金を投じて、必要なものを手に入れるほうがいい場合もあります。

特に時代の変わり目は重要です。もうだいぶ前の話ですが、ワープロ専用機が使われ始めた頃、私はこれで仕事が変わると直感しました。それで当時の教員仲間で一番収入の少なかった私が真っ先に買ったのです。ビジネス用の高級機でかなり大きく、値段も高価でした。

購入資金はNTT株の売却益で調達しました。日本電信電話公社が民営化されてNTT（日本電信電話株式会社）となり、1987年2月に株式公開した際、人気が過熱して株価が急騰したことはよく知られています。もっとも、その後暴落するのですが、私は株式公開前の公募でNTT株を購入し、公開後に値上がりしたところで売却

したので、まとまった利益を手にすることができました。ワープロ専用機にはこのお金を注ぎ込んだのです。

おかげで私はいち早くキーボード入力で原稿を書くことを覚え、それ以来、手書きで長文の原稿を書くことはなくなりました。ワープロがすたれてパソコンが主流になってからは、もっぱらパソコンを使って書いています。

このキーボード入力は、手書きと比べて圧倒的に生産性が高いのが特長です。一つの段落を一瞬で削除して書き直すことができ、途中の加筆もコピー&ペーストも思いのまま、気の済むまで推敲《すいこう》を行うことができます。しかも表計算やグラフ化もできました。子どもの生活を数値化しグラフで表現できたのも、このワープロを誰よりも早く使うようになったからです。この入力法をマスターしたことで、私は『本当の学力をつける本』の原稿をわずか2週間で書き上げることができたのです。手書きでは、おそらく書けなかったでしょう。

ワープロ専用機は高い買い物でしたが、仕事の生産性を何十倍、何百倍にも引き上げてくれました。高い安いを超えた、時代の変化を考えた決断だったのです。NTT

株からワープロ、そして『本当の学力をつける本』。目の前にあるものをひたすら追い続けた結果、脈絡のない点はひと筋のサクセスストーリーとなって、つながっていったのです。

11カ条

飢えは人生の栄養である

◎コロナ禍の今こそ、「生きる力」を発揮し、乗り越えていくとき

コロナ禍で社会は依然として混乱の中にあり、教育界もまた計り知れない影響を受けています。連日、さまざまなニュースが流れてきますが、その中で２０２１年に入って私が戸惑いを覚えたのが、筑波大学が学生に食料支援を行ったというニュースです。

大学側の説明や報道によると、実家からの仕送りやアルバイトが激減して、困窮している学生が多いため、大学が近隣の企業やＪＡ、農家、ロータリークラブなどに食料の提供をお願いしたそうです。

求めに応じて集まった食料は、米7トン３５００人分、カップラーメン2万４千個、キャベツ５４０個、白菜５５０個、卵１２００パック、その他レトルト食品や缶詰、パスタ、お菓子など全部で約20トンに上ります。

これらを1月22日に配付したところ、キャンパスに集まった約３千人の学生が食料

を受け取り、受け取れなかった学生も約千人いたそうです。全筑波大生約1万6千人のうち4分の1もの学生が、食料支援を受け取ったか、もしくは受け取ろうとしたわけです。

私はこれを報道で知って考え込んでしまいました。私の学生時代も、ちょうどオイルショック後の不況で、私を含め多くの学生が困窮していました。でも、大学は食料支援などしませんでした。その後も不況は何度もやってきますが、やはり大学がそんなことをしたという話は聞きません。

報道はこれを美談として伝えていました。食料を寄付した人たちの善意は疑うべくもないし、大学当局も良かれと思って企画したのでしょう。しかしこれが本当に学生のためになるのか私には疑問に思えたのです。

なぜ20歳前後の元気いっぱいの若者が、縁もゆかりもない人の世話になることに、こんなにも無頓着でいられるのか。また教育の総仕上げを行う大学、それも天下の筑波大学が、なぜこんなに簡単に無償で与えてしまうのか。そこにどうしても納得できないものを感じるのです。

学生たちは、人に助けてもらう前に、もっと自分でできることはなかったのでしょうか。筑波大周辺はバイトできるところが少ないという意見もありますが、アルバイト学生がシフトを減らされた、クビにされた（解雇）、求人が激減したなど、困っているのは全国どこの大学でも同じです。筑波大だけが特殊とは考えられません。

学生自ら支援事業を立ち上げて、各方面に要請し、配付も自分たちで行い、一連のプロセスを大学がサポートするというならまだ話は分かります。ところが、現実にはすべて大学当局がやっています。学生は完全におんぶに抱っこ。キャンパスに列を作って並び、食料を受け取るだけ。彼らは完全にお客さん扱いです。中にはキャリーケースを持ってやってきた学生もいたそうです。

これが高等教育機関のやることでしょうか。大学は学費の軽減や免除などで学生を支援するべきだと思うのです。

ハングリー精神は若さの特権です。学生時代に飢えや貧しさを知っておくのも、それなりに意味のあることです。だいたいこのデフレの時代、食べ物にしても服にしても、貧しくてもその気になれば何とかなるものです。

貧しいときにどうやってそれを乗り越えるか。それまで学校教育で学んできた「生きる力」が試されていると考えれば、いろいろな知恵も湧くはずです。文部科学省によると、「基礎的な知識・技能を習得し、それらを活用して、自ら考え、判断し、表現することにより、さまざまな問題に積極的に対応し、解決する力」が「生きる力」であり、コロナ禍の今こそ一人ひとりがこの力を発揮して乗り越えていくべきなのです。そしてこの経験は、将来社会に出たとき、必ず役に立ちます。「飢えは人生の栄養だ」とは、そういう意味です。

困窮しても誰かに助けてもらえばいいという考えになると、歯を食いしばって頑張る意味はなくなります。

恐ろしいのは、支援を受けるのが当たり前という感覚になることです。そういう感覚は、自分を助けないのは大学が悪い、社会が悪い、政府が悪いと責任を外に求める発想と表裏一体です。一歩間違えると、自立心を失わせることになります。

◎「天はみずから助くるものを助く」

今、社会に溢れている情報は、外部の何かに頼ることを勧めるものばかりです。「困ったら自分一人で悩まなくていいんだよ。誰かに頼ればいいんだよ。行政もあるし、ボランティア団体もある。遠慮しないで頼ればいい」「頼ることは別に恥ずかしいことじゃない」というメッセージばかりが強調されるようになりました。

しかし、**頼ってばかりいたら人間は自立できません。**教育の目標は「自立」です。**親が手厚く子どもの面倒を見て子どもの言うことばかりハイハイ聞いていると、過保護になって子どもは自立できません。これでは社会に出ても通用しない人間になってしまいます。**

教育の目標が自立にあることは、日本国憲法上も明確です。働くこと（第27条）、納税すること（第30条）、そして子どもに普通教育を受けさせること（第26条）、これが憲法上の三大義務です。自立した社会人にならなければ、これらの義務は果たせないのです。

既に選挙権（18歳以上）もあり、同じ年齢で働いている人も大勢いるのに、大学生は働くことや納税を猶予《ゆうよ》されています。私が支援を受けた筑波大生の親だったら「助けてもらってよかったね」とは言いません。「そんなことするな」と言います。

私は子どもたちによく音読をさせます。その一つが『西国立志編《さいこくりっしへん》』の一節です。これはサミュエル・スマイルズの『自助論』を明治初期の教育者・思想家の中村正直《まさなお》が翻訳したもので、同書は福沢諭吉の『西洋事情』と並ぶ当時の大ベストセラーです。

「天はみずから助くるものを助く」といえることわざは、**確然《かくぜん》経験したる**[※1]格言なり。わずかに一句の中に、あまねく**人事成敗**《じんじせいはい》[※2]の実験を包蔵《ほうぞう》せり。みずから助くということは、よく自主自立して、他人の力によらざることなり。みずから助くるの精神は、およそ人たるものの才智の由《よ》りて生ずるところの根元なり。推《お》してこれを言えば、みずから助くる人民多ければ、その邦国《ほうこく》、必ず元気充実し、精神強盛なることなり。他人

より助けを受けて成就せるものは、その後、必ず衰《おとろ》うることあり。（講談社学術文庫）

※1　経験によってしっかり確かめた　※2　人生の成功や失敗

「天はみずから助くるものを助く」は永遠の真理だと私は思いますが、今の日本ではあまり顧みられなくなっています。

収入の多い人は、自分で学び、工夫し、時にはリスクを取っています。そこを忘れてはいけません。社会的な環境整備を含め、若者に高度に自立し、社会を豊かにする人間に成長してもらうことが大切です。困っている若者に与えるものは何か。私はもっと考えるべきだと思います。

12カ条

生き残るために変わり続けろ

◎子どもが失敗したら、親は一緒に悲しんであげればいい

人生に挫折はつきものです。そして、挫折したときに変われるかどうかでその後の人生は違ってきます。挫折がトラウマとなり、傷を負ったまま不本意な人生を送るか、それとも心機一転、新たな道に踏み出して成功を手にするか。どちらが幸せかは言うまでもありませんよね。

私も就活の挫折が人生の転機となりました。あのとき方向転換できなかったらどうなっていただろうと考えると空恐ろしくなります。放送局を諦めて教師を目指すことにしたものの、最初は半ば投げやりでした。

私が変われたのは、久米さんにインタビューされるという突拍子もない妄想がきっかけですが、もう一つきっかけがありました。母からの慰めです。

RSK山陽放送を落ちて私が引っ越しをするとき、父は自分は気が弱いので母に行かせたのです。車の免許を取って間もない母が、初めて岡山まで出てきて、荷造りを

手伝ってくれました。引っ越しといっても大して荷物があるわけではなく、わざわざ来ることもないのですが、息子が落ち込んでいると思って心配したのでしょう。

岡山の国道口のあたりには「山陽放送１４９４ｋＨｚ」と書いた大きな看板が何カ所か立っています。母は来る途中、それを目にしたらしく、私にこう言いました。

「あの看板に向かって石投げてやりたかったよ」

「田舎に帰って学校の先生になるとお父さんと話してたけど、あれだけ入りたかった会社に落とされたと思ったら腹が立ってきた」

母からすれば、教師になるということは、地元に帰ってくるということであり、喜んでもいいくらいのことです。

しかし、子どもの気持ちに寄り添い、看板に石を投げるという、これまたびっくりするような話をしてくれて、笑えました。

こうして**親は子どもが失敗して悲しんでいたら一緒に悲しんであげればいい。それだけで子どもは立ち直れます。**

つまり、失敗を恐れる必要はないのです。高い目標に向かってどんどんチャレンジさせたらいい。若いうちはいくらでもやり直しがききます。そしてもし失敗したら、**その悲しみを共有してあげれば、それでもう十分。子どもは勝手に立ち直る力を持っています**から。まさに私がそうでした。

◎生き残るために、古い価値観を捨てる

コロナ禍で悲惨な目に遭った人、今も遭っている人は大勢います。特に需要が蒸発してしまった観光関連産業や航空産業、飲食業、アパレル業界などは非常に厳しい状況です。会社が傾いて大変なだけでなく、そこで働いている人たちも、解雇されたり給与を削られたりして踏んだり蹴ったりです。

国や自治体からの支援で何とかなるならいいとして、何とかならないなら自分で道を見つけるしかありません。ある意味、国家の非常事態ですから。

環境が激変した以上、生き残るためには、それに合わせて自分も変わらなければいけない。むしろ新しいことを始めるチャンスととらえたらどうでしょうか。個人でも

できることはたくさんあるはずです。

私も若い頃は貧乏暮らしの借金漬けだったので、少しでもお金を効果的に増やしたくて必死に勉強しました。

仕事は仕事でやり甲斐があり、例の久米宏の目標もあるので全力で取り組みました。本や雑誌も読みまくっていました。時間的な余裕は乏しかったのですが、借金漬けのまま破綻するわけにはいかないので始めたのが株式投資です。私を助けてくれる人は誰もいません。どこかからお金が降ってくるわけでもありません。「株なんてギャンブルみたいなもの。まともな人間が手を出すべきじゃない」と考える人が多かった時代に、私は古い価値観を捨て去りました。生き残るため〝攻め〟に転じたのです。まだ財テクブームが起こる前のことです。

ただ、現実は厳しいものがありました。なぜかと言えば、あの当時、田舎の小学校の先生が株の売買をやるような環境はなかったからです。

まだインターネットもなく、携帯電話もない時代です。情報を求めて証券会社と連絡をとるときも、学校の公衆電話から10円玉をチャリンチャリンさせながら電話していました。株の値動きや注目銘柄などについて担当者と話しながら売買するのですが、情報が少なく、どうしても勝てないのです。売買手数料もしっかり取られます。

それでも長く続けているうちに、だんだんコツが分かってきました。

あるときパッと見たら金の価格が驚くほど安かったので買いました。また、価格が4倍近くになったところで売却しました。

投資はお金のある人がやるものというイメージがあります。しかし、それは違います。お金のない人がやるものなのです。そうして**投資を学んで、収入が増えた人が、その後も投資しているので、そう見えるのです。重要なのは学ぶこと**です。

慣れてくると、私は子どもたちにもやらせました。わが家の子どもたちは高校生の頃から株式売買をやっています。原資はおじいちゃん、おばあちゃんからもらったお年玉やお小遣い。親のお金は一銭も使っていないところがミソです。

通常、株式投資は100株単位で取引され、これを単元株と言いますが、単元株の10分の1（この場合は10株）から購入できるのが株式ミニ投資です。これなら手元資金が数万円もあれば始められます（最近では1株投資もできるようになりました）。

子どもたちは儲けたり大損を食らったりで、その都度、笑ったり泣いたりしていました。損をしても、どうせ元手はお小遣いです。実害はありません。こういう世界があることが分かればよく、節約して、住宅ローンにしばられる人生ではいけないと教えたかったのです。

投資の話は小学校でもしました。教育者はお金の話なんかに触れるべきじゃないというのが当時の風潮でしたが、私は大人になるまでに絶対知っておいたほうがいいと思ったので、気にせず教えました。ただし、教え方は工夫しました。

例えば禁煙教育の中で取り上げるのです。20本入りのタバコを毎日1箱吸うヘビースモーカーが、タバコを買うのを止めて、そのお金を複利で40年運用したら家が建つという話です。当時は預貯金の金利が高く、田舎ですから住宅価格も安いのでこういう話ができました。

タバコが健康に有害という話でもいいのですが、お金の話をからめることで生き方そのものの授業としたのです。

生活が苦しい、所得が減って厳しいというときに、その状態を乗り越える一つの有効な方法が投資です。なにゆえに「はたらけどはたらけど猶《なほ》わが生活《くらし》楽にならざり」（石川啄木）なのかと考えてみれば、答えは明らかです。定職から得られる収入の範囲内でやり繰りしているからです。別の収入源を見つけない限り、豊かさを手に入れるのは難しい。となれば、投資をやるしかないではありませんか。

そうとなると、まずは勉強です。成功する方法を知るために本を読み、雑誌に目を通し、セミナーに参加してみる。周囲を見渡して成功している人がいたら、その人がどうやって成功したのか調べ、時には教えてもらい、自分のリテラシーを上げていけばいい。そして果敢に行動するのです。

今は昔と違って政府がＮＩＳＡ（小額投資非課税制度）のような制度を作って国民に投資を勧める時代です。預貯金で資産を増やすのは不可能ですから、投資をやらないという選択は考えられないのです。

投資には、株式以外に投資信託もあれば不動産投資もあります。どんな投資にしろ必ずリスクが伴うので勉強は不可欠です。その時間がないとか余裕がないとか言うべきではありません。優先順位は高いのです。もし経済的に困難な状況に置かれているのなら、時間をひねり出して勉強してやってみるべきです。失敗を恐れていたら何も始まらないのです。

幸いなことに、今ほどチャンスに満ちた時代はありません。デジタル技術の発達は目をみはるものがあります。高速インターネットが使えるようになり、パソコンもあればスマホもあり、ネットの証券会社も生まれました。特にスマホは「チャンスはスマホの中にあり」と言われるほどの可能性を秘めています。つまらないSNSにふり回されているだけではもったいない。

YouTubeでは、個人商店の店主でも自社の商品やサービスを全世界に向けてアピールできますし、クラウドファンディングを活用すれば、銀行に頼らなくても資金集めが可能です。

私が投資を始めた頃、こういうものは何一つありませんでした。20世紀には考えられなかったことが、今では当たり前のようにできるのです。これを利用しない手はありません。今ほどチャンスに恵まれた時代はありません。

◎実は、日本は再チャレンジしやすい社会

日本のセーフティーネットは、多くの人が思っている以上にしっかりしています。

例えば、いわゆる高校授業料無償化。一定の所得制限はあるものの、公立高校は年約12万円（授業料相当額）が、私立高校も年約40万円（私立高校の平均授業料を目安とする額）を上限に、国からの支援金で助成され、家庭の負担が大幅に軽減されました。文部科学省によると、この制度を利用している生徒は約8割に上ります。

国の奨学金制度も充実していて、最近、給付型の奨学金ができましたね。これは返済しなくてもいいという画期的な制度です。

高校進学後、不登校になった子には、高認（高等学校卒業程度認定試験。前身は大検〈大学入学資格検定〉）と呼ばれる国家試験が用意されています。合格すれば大学受験資格が得られるため、たとえ不登校になっても大学受験を諦めなくて済みます。しかも、試験問題は難しくはないので、高校に行かなくても自学自習で十分合格できま

す。

高校での人間関係がうまくいかない、いじめに遭った、先生と衝突したなどさまざまな理由で不登校になることが考えられますが、このようにちゃんと別ルートが用意されています。不登校になっても悲観する理由は何もなく、必要なのは頭の切り替え、発想の転換、そして知ることです。

大学卒業後はどうでしょうか。数年で会社を辞めたとしても、今は転職市場が発達していて、中途採用は当たり前になっています。これも私の若い頃とは大違いです。

教員採用についても、意外と知られていない就職ルートがあります。社会人になってから教師を志望してももう遅いと思っている人がいるかもしれません。あるいは、コロナ禍で先が見えない中、安定した職業である教職に就きたいが、今さら無理だろうと諦めている人もいるでしょう。そんな人に言いたいのは、「今からでも遅くない」ということです。

小学校教員の場合、大学で教職課程を修了すれば1種免許、短大なら2種免許を取得できますが、教職の単位を取らないで卒業した人は、免許がないのでそのままでは教員になれません。ところが、日本の教育制度はよくできたもので、社会人にも教員への門戸を開いているのです。それが小学校教員資格認定試験です。

この試験の受験資格は、高校を卒業した者、その他大学に入学する資格がある者で、かつ20歳以上であること。試験は年1回（1次試験と2次試験）、東京近郊と大阪近郊で行われます。特筆すべきは、2020年度に試験内容の大きな変更があったことです。それまでは音楽、図画工作、体育から2教科を選んで実技試験を受ける必要がありました。これがなくなったのです。

認定試験の合格者は教育実習をしなくても2種免許を取得できます。あとは自治体の教員採用試験を突破すればいいだけです。この二つの試験をクリアすれば、翌年度から教員になることができるのです。

教育現場は目下、教員不足が深刻です。原因の一つは教員免許更新制にあると考えられます。何らかの事情で現場を離れた先生が、10年ごとの免許の更新をしないケースが多く、自治体としては現場に復帰してほしいのに、それができなくなっています。

この教員不足を解消するため、文部科学省は社会人枠の採用を増やそうと躍起になっています。40代、50代の人でも受験できるのは大きな魅力です。私の知り合いも40代半ばでこの認定試験を受けて合格し、この4月から福岡県で教員になりました。社会人で教育に関心のある人は一度検討してみてはいかがでしょうか。

このように、**現在の日本は非常に再チャレンジのしやすい社会になっています。一度つまずいたら二度と浮上できないとか、貧しさゆえに挑戦する機会がないとか、そういうことはありません。**ただ、自分から動き始めないと何も変えられません。だから学ぶのです。

世の中に不安があると、人はいろいろな情報を得ようとします。ですから、メディアは不安なことばかり情報として送り出します。

しかし、自分から必要な情報を求めれば、プラスの情報はたくさんあるのです。しばしば日本は教育への公的支出（対GDP比）がOECD（経済協力開発機構）加盟国中最下位、もしくは最下位に近いと批判されますが、少ない予算を効率的に使うことにかけては徹底的に考え抜いており、制度自体はとてもよくできています。この点は率直に評価すべきです。

◎変化に合わせて生きる勇気こそ、幸福をつかむ道であり、わが子への最高の手本

「古い自民党をぶっ壊す」と公言して政権の座についたのは小泉純一郎氏です。その小泉首相（当時）の2001年9月の所信表明演説にはダーウィンが出てきます。「進化論を唱えたダーウィンは、『**この世に生き残る生き物は、最も力の強いものか。そうではない。最も頭のいいものか。そうでもない。それは、変化に対応できる生き物だ**』という考えを示したと言われています」

これが本当にダーウィンの言葉かどうかはさておき、私たちは環境の変化に対応する柔軟さを持たなければ、この社会で生き残っていけないというのは真実でしょう。

面白い話があって、亡くなった野村克也監督は選手時代、球団や監督の方針を強く批判していたのに、自分が監督になった途端、選手を前に開口一番、監督批判は許さないと宣言したそうです。

あとで、言ってることとやってることが違うじゃないかと指摘されると、「立場が変われば言うことも変わる」と言ったとか。

選手の立場からすれば、起用法に不満があれば監督に文句を言いたいのは当たり前です。一方、監督からすると、選手は駒であって、自分の立てた作戦どおりやるには選手に逆らってもらっては困るわけで、「監督は絶対だ」と言うのは当然です。立場が変われば言うことも変わるというのは当然なのです。

ところが、日本には変に道徳的な価値観があって、立場がどうであろうと、昔も今も首尾一貫していることが評価されるようなところがあります。これでは柔軟性に欠け、環境の変化に対応できません。

諸外国は、「昨日の敵は今日の友」「敵の敵は味方」といった臨機応変な動きをするのが普通で、その時々の利益によって、メンツをかなぐり捨ててくっついたり離れたりしています。そうやって常に最良のポジションを取ろうと知恵を巡らしているわけです。

自分が追い詰められたときは、思い切ってポジションを変えてみることが、有力な

解決策になるのです。

ウィズコロナとニューノーマルの時代を生き抜くには、旧来の道徳や価値観、発想にとらわれることなく、変化に合わせて変わる勇気が求められます。それが親として成功と幸福をつかむ道であり、わが子に手本を示すことにもつながるでしょう。

13カ条

心配するな。楽天的であれ！

——子育ての最終結論

◎ストレスでいっぱいになったら、投げ出していい

今のお母さんは本当に素晴らしい。母として、妻として、そして懸命に働く一社会人として、肥大化するばかりの仕事を精力的にこなしています。私はそれを見ていて本当にすごいと思います。

しかしその評価は、私が見る限り決して適切ではありません。家事に協力的でない家族、自分の時代の理想を押し付けてくる舅《しゅうと》や姑《しゅうとめ》、精神論でしかモノを語れない上司。いずれもストレスの源です。

それだけでも相当悩んでいるのに、わが子が思うように伸びないとなると、ストレスで爆発したくなるのも当然です。すべてを投げ出したくもなるでしょう。しかし、ほとんどのお母さんは実際にはそうせず、ひるむことなく働き続けます。

でも私は思います。そんなときは一度投げ出しましょうよ。そして、自分を取り戻す時間を確保しましょう。

例えば、休日、子どもの世話は夫や実家に頼んで出かけてしまい、1日を全部自分のために、自分が気持ちよくなるためだけに使う。有給休暇が使えるなら、自分の好きなことのために計画的に休むのもいいでしょう。実は、私は定期的にやっていました。なぜって、それほど親、特にお母さんの心の健康は、子育てにおいて大切なものだからです。

例えば、平日の昼食どき、ランチがおいしいカフェやホテルのレストランはいつも女性で満員です。先日、あるビジネスマンとランチミーティングをしましたが、そのレストランもほぼ女性で満員、その方はびっくりされていました。

「自分たちは、ふだんの昼食代も切り詰めているのに、女性たちはその間に、こんな時間を過ごしているのか」と。私は「いいじゃないですか。今、社会的に女性はその働きが十分に評価されていない。その分をこういう時間の使い方で調整しているなら、それはそれでいいんじゃないですか。そもそも、お子さんの世話や夕食の支度は奥さんがされているんでしょう？」と聞くと、「それはそうですが、しかし……」と納得のいかない様子。私から見れば、男たちが仕事帰りに居酒屋に行くのと同じ感覚です。

なにも私は、男女平等のために、こんなことを言っているのではありません。女性が笑顔でいることが、家庭や日本社会の向上に、何より大切だと考えているから言うまでです。世のお母さん方は、世のため、家庭のために、もっと正々堂々と自分の幸せを追求していいのです。

なぜ「お母さんの幸せ」が世のため、家庭のためになるのか。

そもそも、子どもはお母さんの笑顔が大好き。お母さんに褒められるために頑張っています。口ではなんだかんだと反抗もするでしょうが、いつだって「お母さんに褒めてもらいたい」「お母さんに喜んでほしい」と思っています。実はこれ、子どもだけでなく、多くの夫にも当てはまります。夫が仕事で金星を上げたとしても、妻がそれに関心を持つことがなければ夫の働く意欲は格段に下がります。

女性が働きに出るようになって、仕事だけでなく、家事も育児もこなす〝スーパーお母さん〟が急増。一方で本来おおらかだった日本のお母さんが追い詰められ、心にも時間的にもゆとりがなくなっているのも事実です。そのことで、お母さん方から笑顔が消えているのなら、それは子どもの心を不安定にする大きな要因になります。それはまた子どもの向上を阻害し、夫の意欲を奪い、家族全体の士気を下げてしまいます。

心が健康なお母さんは、家庭においては太陽のような存在です。だからこそ無理なく輝いていてほしいし、そのためなら自分ファーストであってもいい。

家族の心の動きを察するには、自分自身に心のゆとりがないとできません。お母さんが家庭の事務局長として、しっかりマネージメントしてこそ家庭は安定します。そのためにお母さんには自分をもっと労《いたわ》ってほしいのです。

◎受験生の子どもがいても、お母さんは自分のしたいことをしていい

ある仕事で、わが子が東大に行っているというお母さん方に集まってもらい、子どもを伸ばす秘訣《ひけつ》を話し合ってもらったことがあります。みなさん非常に朗らかで、笑顔が素敵だったのが印象的でした。

そう聞くと、「そりゃわが子が東大生なら、人生は勝ち組決定。ニコニコ笑顔にもなるでしょう」と思われるかもしれません。でもそれは逆です。**「わが子が東大に行っているから笑顔」なのではなくて、「お母さんが笑顔でいるから、子どもが伸びやすい」**のです。

このことが特に際立ったのは、「東大の受験時代、子どもたちは何時に寝ていたか」という話題になったときのことです。実は、東大受験生たちの就寝時間で深夜12時を超えるというのはごく少数です。調査によると、東大受験生の睡眠時間は7～8時間が多く、だいたい夜11時前後には寝ているようです。深夜に眠気をこらえてまで勉強するのは、かえってマイナスだということを彼らは身をもって知っているのでしょう。私は東大生の効率的な学習習慣を確認するために、あえて話題にしたのです。ところがその質問に対し、あるお母さんはわが子が「何時まで起きていたか知らない」と答えたのです。なぜですかと尋ねると、「私は夜10時には寝てしまうので、子どもが何時に寝るのか分からない」と言うのです。

東大を受験する子どもがいるなら、わが子を気づかい、その時間までお母さんは起きているという固定観念が私にはあったのですが、そのお母さんは無理することなく自分のペースで生活していたのです。

受験生の子どもがいる場合、どの家族も生活に多少の制限が出てきますが、それが苦役にまでなってしまうと、子どもが緊張し、かえって子どもの学習にはマイナスになってしまいます。私はそうした状況をリセットするためにも、お母さん方には自分を崩さず、マイペースで、自分のしたいことをするよう勧めるのです。

◎ポジティブ子育て8つの要

親はもっと自分の幸せを追求していい。子どもや家族のために自分のペースを崩す必要はない。では、親が次にやるべきことは何でしょうか。それは、心配することを止め、生活をポジティブに変えていくことです。

1　親は心配しない、手助けしない

親の心配は子どもの向上にとってマイナスです。「親の心配」とは、子どもの側からみると、「自分は信用されてない」ということにほかなりません。

例えば、小さなお子さんの場合。新しいパズルや迷路遊びなどがうまくできなかったとしましょう。するとその失敗を補うために、簡単にできる遊びをすぐに与えてしまうという行為、これは要注意です。実は、この行為で子どもは不安になるのです。「やっぱり自分にはだめなのか」と。子育てに熱心で真面目なお母さんほど、失敗を補うような手助けをしがちです。

そもそも子どもは、いつだって未知の新しいことに挑戦しています。当然、慣れるまでには時間や経験が必要です。子どもに必要なのは、慣れるまでの経験を積む時間です。その中で達成感を積み重ねることが最も重要なのです。**自分の手で一つひとつ積み重ねた達成感があってこそ、子どもは自律的に向上していきます。そのためには子どもが一度取り組み始めたら、手を貸さずにじっくり見守り、一つひとつ達成感を積ませることがポイント**です。**すぐに結果が出なくとも、懸命に取り組み、さっきよ**

りも上達している実感を得ること。それが子どもの成長につながります。親の中途半端な手助けは、かえってやる気を奪い、せっかく始めたこともマイナスになってしまいます。

2　親子で日常の我慢や問題を洗い出す

そうはいっても、親（とくにお母さん）は、わが子を思えばこそ心配が尽きない生き物です。では、心配を減らすにはどうしたらよいか。

それには、我慢を強いるような生活を止め、心地よい生活へと変えていくことです。「生活の中の我慢」と言われてもピンと来ない方もおられるでしょう。実は、**日常生活は意識するしないにかかわらず、小さな我慢や不満で溢《あふ》れています。まずは、親子でそれらを洗い出してみましょう。**

例えば、買い物。毎日のようにやることですし、健全な家計は、家族の心の安定のためにも大事なことです。しかし、店に行ってから買うものを選ぶのは、はっきり言って時間の無駄です。それだけでなく、どちらが安いか、こちらを買うべきかあちらを買うべきか、はたまた買わざるべきか……と悩む。迷いに迷って、ようやくいくつもの決断を終え、会計を済ませ、スーパーを出る頃にはなぜかドッと疲れている。そんな経験はありませんか。これを防ぐには、買うものをあらかじめ決めてメモしておき、それ以外は買わないこと。メモは決断の証です。メモを元に行動すれば、迷いなく行動でき、買い物は短時間で終わります。迷う時間が減れば、無駄に精神を消耗しなくて済みます。

メモも、携帯電話のメモアプリに書き込むとか、大きめの付箋に書いて携帯電話のケースに貼り付けておくとか、すぐに見られるように工夫します。

ところが、心配性の人ほど、少しでも損がないように、得するようにと、「他のスーパーのほうが安いかも」「特売品だからメモにはないけど買ったほうがいいかも」などと真剣に考えます。その結果、「必要以上に迷う→疲れる」という悪循環に陥ります。これを防ぐには、「割り切る」ことが肝要です。

まずは「決断の証」のメモ通りに実行。そこでメモにある食材が店頭になければ、「食材を他に置き換える」か、「そのメニューを諦め、総菜で補う」など、そのとき考える。それでいいのです。

ここでは買い物を例にしましたが、日常の小さな我慢や不満を親子で解決していけば、**親子の成功体験はどんどん増えていきます。成功体験が増えれば、心配すること に向いていた意識が、日常の問題発見と問題解決へと切り替わり、自然に心配は減っていきます。**

3　迷い方を決める

さて、ふだんの買い物には割り切りが大事と言い切る私ですが、パソコンや車、家電（女性なら洋服やバッグなどでしょうか）など、生活の質に長く影響するような買い物となると、さすがに少しは迷います。

ハイブランドなものや高品質な日本製のものは高額でお金がかかる。かといって安いものを買えばその品質に不満が残る、というような場合です。こうした場合、私は「お金がかかる（お金が減る）」と「不満が残る」の二つを天秤《てんびん》にかけて決断するようにしています。お金が減っても品質で妥協したくなければ前者を、品質に不満が残ってもお金を減らしたくなければ後者を選ぶわけです。そのどちらとも決めかねる場合、残る選択肢は「次の機会に託す」か「諦める」か、それだけになります。これで問題解決の道筋が明確になり、前向きになれます。

こうして時間と気持ちに余裕ができれば、今度は別の問題を片付けたり、新たな情報収集に時間を費やしたりできます。一つの問題にずっと立ち止まることなく、人生を前に進めることができるのです。成功する人は決断が早いと言われますが、実は、自分なりの「決断の仕方」を持っているだけなのです。

決断が必要な問題に直面したら、迷う時間のリミットを設定し、判断のプロセスを決めておきましょう。つまり迷い方を決めておくこと。こうすれば時間と精神の消耗は最小限に抑えられます。こうして、自分の心と時間をマネージメントするのです。

4　朝の時間を制する者が、ポジティブライフを制する

家庭の時間を考える上で、最も注意しないといけない時間帯は朝です。朝は誰もが忙しいものですが、ここをいい状態でスタートすると、1日がスムーズに動いていき

ます。ひいては人生もポジティブに回り出します。

まずは朝の家族の動線を考えてみてください。

家族の動線がぶつかり合うようでは、朝からストレスにさらされます。家具を配置し直すことで解決することもありますし、起床時刻の調整で解決することもあります。まず、リビングの時計は見やすいものを選び、みんなが見やすい位置にかけておきましょう。ほんの些細《ささい》なことですが、意外にできていない家庭は多いものです。

こうした日常のちょっとした不便が時間を奪い、子どもが洗面などをしている最中に、お母さんが次から次へとやるべきことを言う羽目になり、子どもに自分で考える時間を与えないまま、家から送り出すことになります。こんなことを毎日繰り返していると、子どもは次に自分がやるべきことを考えなくなります。親の言うとおりに動くことが習慣化してしまうからです。子どもが自主的に動かないのではなく、親が動けなくしているのです。

これを避けるためにも、朝の生活について最低でも1時間くらいかけて親子で話し合いましょう。話してみると、意外に子どもにも言い分があり、調整に手間取るものです。だから、ここは30分ではなく1時間かけましょう。そしてその結果を、ルーティンに落とし込んで、紙に書いて部屋に貼り、それをもとに動けるよう時間をかけて習慣化させます。注意したくなっても言葉にせず、貼り紙を指さして自覚を促します。できる限り言葉での指示や注意を減らす努力をしましょう。なぜなら、**子どもへの指示を減らすことが、子どもが自力で考えるようになるための第一歩**だからです。

お母さん方の中には、自分にはそんな相談をする時間の余裕なんてないと思われる方もいるかもしれません。でも、この話し合いは、やるべきことの中でも優先度が高いことだと私は考えています。なぜなら、この1時間が、後に何十倍、何百倍という時間と心の余裕を生み出すからです。ぜひ優先的に話し合いの場を設けてください。それが無理なら、諦めるしかありません。毎朝、子どもに怒鳴る日が続くだけです。

そう考えてもらうと、朝の生活を見直す重要性が分かってもらえるでしょうか。

親と子どもに余裕ができてきたら、あと15分だけ早起きして、15分間の朝学習をしてみましょう。学習内容は、百ます計算でも漢字練習でも音読でも、何でもＯＫ。朝学習には、簡単だけど集中できるものがいいでしょう。十分な休養をとった朝の脳は、学習効果が高く、やり方次第で成績を大きく上げることができます。その効果を親子で実感できれば、だんだん続けることが楽しくなってきます。効果はすぐに表れます。結果を出すことは、朝学習を継続するのに最も有効なモチベーションになります。

最近では、朝活と称して、朝に何らかの学習をしたり、作業をしたりする大人も増えています。**親子で家庭内朝活！　これはポジティブ子育てに絶大な効果をもたらす**でしょう。

5　物を減らす

さあ、ポジティブ子育てのために、時間管理の次にやるべきことは、物の管理です。心配グセの一つの特徴は、無計画に何でも溜《た》めてしまうことです。物が増えることと心配性は、一見関係ないように思えますよね。でも、私は、そこに深い関係があると考えています。**物の量と心の不安は比例する**、そう思うのです。だからこそ、**親の心配グセを直すには、物で溢れた空間を整理し、心地よい空間に整えること**。これに尽きます。

片付けの重要性については、既に作家のやましたひでこさんによる「断捨離」思想や、片づけコンサルタントの近藤麻理恵さんによる、ときめくかどうかを基準に物を選別する「こんまりメソッド」などで語られていますが、これらの思想は、子育てにも大いに役立ちます。物が溢れた空間で育つか、すっきり片付いた空間で育つかは、子どもの心に大きく影響します。

1990年代にニューヨーク市で実践された「割れ窓理論」は有名です。建物の割れた窓を一つでも放置しておくと、近隣の窓ガラスが次々に割られ、地域の治安が悪化するというものです。治安をよくするためには、軽微な犯罪でもきちんと取り締まること、そして割れ窓があれば即座に修理して、きれいな環境の維持に努めることが重要だとされます。

家庭でも、部屋に物が溢れた状態は、探し物や整頓に時間が奪われるだけでなく、「ここは散らかしてもいい場所」「ここに散らばる物は大事にしなくていいもの」という歪《ゆが》んだ認識を子どもに与えてしまいます。生活空間の視覚的情報は、ことのほか子どもの心への影響が大きく、家が片付いていないと家族の心は荒れていきます。物の増加は、大切で有限な時間を奪うだけでなく、ポジティブライフの大きな障害になります。まずは持ち物を減らしましょう。

部屋を片付けるには、片付けの時間を確保することです。しかしこれが難しい。片付ける習慣がない人にとっては、片付けという作業は意外に時間がかかるもので、忙しい中でその時間を捻出する意味を感じられないからです。それでもあえて言います。片付けをしましょう。

私のお勧めの片付けタイムは夜。夜は入浴や夕食などやるべきことも多いのですが、入浴や夕食と同じレベルで日課として、例えば就寝前の10分間だけでも家族で整理整頓の時間を作ります。慣れてくると、持ち物の整理のコツがつかめ、やがて何かを使うときも、整理を前提に動くようになります。物の定位置が定まってくれば、物を探す時間もなくなり、物の管理も行き届くようになります。

物の置き場を決めるということは、「今、わが家の持ち物はどれくらいあり、それらをどう生かすか」を考えることと一体です。現代は、無料サンプルや試供品、子どもへのサービスなどで、望まない持ち物が過剰に増えてしまう時代です。そのような中で、**自分の持ち物をきちんと把握し、管理することは、想像以上にあなたの頭と心に余白をもたらします。物の管理は、時間の管理とも一体**です。**心配グセは、時間と物が管理できていないことから生まれるもの**でもあるのです。

心配グセと物の管理の関係は、旅行の際などに如実に表れます。心配性の人は、旅先では何があるか分からないからと、必要以上に荷物を増やしてしまうのです。確かに旅にはハプニングが付き物。だからといって、持ち物を増やしてしまえば、移動による疲れが大きくなるだけです。リスクを含めて計画を確かなものにし、それに合わせて決断の証である持ち物メモを用意する。あとは、メモに従って準備し、それ以外は旅先で工夫して乗り切ろうと割り切る。こうした**整理や準備のスキルは、人生をポジティブに転換する重要なライフスキル**なのです。

6　子どもへの注意は笑いながらする

ここまで主に時間と物の管理についてお話ししてきましたが、ポジティブ子育ての最後の要は「子どもとの関係」についてです。

子どもが親の思いを受け止めて自分から動いてくれるようになるには、どうしたらよいでしょうか。まずは日常の注意の仕方を見直しましょう。

子どもに注意するときは、一度深呼吸して、ネガティブな言い方を避けるよう考えましょう。やってはいけないのは、子どもに思いつくまま次から次へと小言を言ってしまうことです。子どもはそもそも大人よりも言葉の理解力が未熟です。多くを言われると理解が追い付かず、嫌になって、やがて聞かない練習を始めてしまうのです。

そうならないよう、**子どもへの注意は、一つに絞って、笑いながらすること**です。**同時に、子どもの人格を尊重しながら話すようにします。すると、子どもはリラックスして聞く状態になります。**

例えば、こんなふう。「そんなことやって、あなたらしくないわねえ。文句ばっかり言ってるから、口がタコみたいにとんがってるぞぉ」。

これが、もし感情をむき出しにした親に「そんな文句ばっかり言って、何度言えば分かるの！」なんて頭ごなしに否定されたら、注意された内容よりも、ぶつけられた感情に意識がいき、悲しくなって泣くか、「聞いてやるもんか」と怒りで耳を塞《ふさ》ぐか、どちらかです。

親が感情むき出しで言ってしまうのは、自分の言葉に自信がなく、「強く言わないと子どもは良くならない」と思い込んでいるからです。

これに対して**笑いながら注意できるのは、「この程度の言い方でも、子どもはきっと分かってくれる」と信じているからです。**心配な気持ちはよく分かりますが、**自分の言葉に自信を持ち、子どもはきっと直してくれると信じて、注意するときは笑顔でいてあげてほしい**のです。**大丈夫、必ず伝わります。**なぜなら、子どもはお母さんに褒められるために頑張っているのですから。それを忘れないでください。

普段の注意が笑顔ならば、本気で叱らなければいけないときに、お母さんから笑顔がなくなったことで、事の重大さが伝わります。

子どもへの注意は感情的にならない。これは鉄則です。

7　自分に合った健康法を追求する

現代の多くの日本人は、食事やサプリの研究に余念がありませんが、これはいいことだと私は思っています。私自身も食べ物やサプリで心のあり方が大きく変わった経験があるからです。**人は、口にするもので心が大きく変わる。**これは自分にとって衝撃的な体験でした。ここからは、そんな私の実体験です。

一時期、精神的に落ち込み、何か考えようとしても頭に靄《もや》がかかったような状態から抜け出せず、大変苦しんだことがありました。とにかく苦しく、「このまま消えてなくなりたい」とまで思うようになりました。食欲がなくなり、それでも食べないと力が出ないと思い、無理にでも3食しっかり食べるようにしていました。しかし、状態は悪化するばかり。そんなある日、「食欲がないなら無理して食べなくてもいい」と開き直り、食べることをやめたのです。こうして3日ほど断食すると、不思議なことに心も体も楽になり、頭の靄がきれいに晴れていったのです。いわゆるファスティング（断食）の効果です。

「これはいったいどういうことなのか」「食事が心と体にどう作用したのか」と思い、いろいろ調べていると、精神科医、藤川徳美氏の『うつ消しごはん』（方丈社）という本にたどり着きました。早速、電子書籍を購入し、Kindleで読み始めました。私は、そこに書かれた内容に衝撃を受けました。「糖質を断ち、タンパク質とビタミンを大量補給することで心は軽くなり、子どもの学習障害も改善する」とあります。

当時、徹底反復の指導をすると、学習障害のある子どもも大幅に改善するという報告が続いていました。なので「体と同じように、脳も食事とトレーニングの組み合わせで飛躍的に向上するのではないか」と思い至ったのです。

早速、自分自身でその食事法を実践してみました。すると、効果は劇的に表れました。それまでの精神的な落ち込みや苦痛がひどかったので、その反動でより効果が強く表れたのでしょう。ようやく元の自分を取り戻せたというか、若返ったという感覚です。これには驚きました。さらには「もう年だから……」と諦めかけていたことに挑戦する気力まで戻ってきたのです。

最近話題になっている金森重樹氏の『ガチ速〝脂〟ダイエット』（扶桑社）も、「糖質を断ち、高脂質食に切り替える」という実践法から、『うつ消しごはん』の理論と近いものがあります。そこで私は、この二つの本の理論を同時に実践し、その結果、なんと体重が短期間で約7キロも落ち、心だけでなく体も軽くなってきたのです。

こうした栄養の摂り方については、時代の流行もありますし、また体質によって効果もさまざま、個人差もあるでしょう。ですから、「これが絶対」とは決して言えませんが、一つだけ確実に言えるのは、社会に流布している情報に踊らされ、欲望のまま食べることは危険だということです。

例えば、「疲れたときは甘いものを補給するといい」というような常識も、「本当にそうなのか。果たして自分にも当てはまるのか」と、一度は疑ってみたほうがいいということです。

自分の体調に目を向け、自分に合った健康法を実践する。良い健康状態をいかに作り上げ、どう維持するかを追求することは、幸せなポジティブライフに欠かせない要素だと、身をもって実感しています。

8　子どもの力を信じる

一つひとつ生活を改善して、お母さんの笑顔が増えれば、子どもは必ず自然に伸びていきます。親子で確かな成長を実感できるようになれば、子どもの不安は自信に変わり、親の心配グセも消えていきます。こうしてポジティブな良い循環が生まれます。

心配性を克服すれば、未来に対してポジティブになれます。心配性の親は、子どもが高い目標を掲げたときに、「それは難しいんじゃないか」とか「それは無理だよ」と答えてしまいがちですが、**心配性を克服すると「それいいね、きっとやれるよ」と、子どもの未来について肯定的な発言ができる**ようになります。**これこそ、親が子どもに対してすべき一番重要なこと**です。

なぜって、子どもを伸ばすうえで一番難しいのは、高い目標を持たせることだからです。子どもがその気にさえなれば、学力はすぐに向上します。そもそも、子どもの学力向上を難しくしているのは、「自分はできない」「勉強は苦手だ」という思い込みなのです。

子どもの学力を向上させるには、難しい問題をじっくり解かせることだというイメージがありますが、それは間違いです。学力向上の基本は、基礎的なことを短時間でさっとこなす練習と、これを毎日繰り返すことです。

その基本ができていないところへ難しい問題を与えれば、子どもは「勉強は難しいもの」と思い、問題が解けないことで勉強が苦手になり、やがて避けるようになります。子どもに難しい問題を与えるということは、実はとてもリスキーなことなのです。

それに高い目標が無理かどうかはやってみないと分かりません。やってみて目標達成が難しいようなら自然に諦め、子どもは次の目標を探します。そうやって子どもは目標を持つこと自体を学習していくのです。子どもなりに試行錯誤を繰り返し、そのたびに目標を設定し直し、挑戦する中で、自分が一番本気になれるものを見つけていきます。

最近は、十分な能力を持っているにもかかわらず、「夢がない」とか「何がしたいのか分からない」という若者が多くいます。それは、おそらく目標を掲げる学習をしてこなかったからではないかと思います。私たち大人のやるべきことは、子どもが自分にふさわしい高い目標を描くように導いてあげることです。

「そんな高い目標を持たせて、それが成就しなかったらどうするのか」とためらう方もいるかもしれません。「目標が達成できなければ、子どもがかわいそうだ」と考えてしまいがちですが、まずは悲観的になるのをやめて、**親は子どもの可能性に対して、**

楽天的であってほしいのです。

ご自身を振り返ってみてください。何も悩まず悲しまず、大人になった人がいるでしょうか。誰しも悲しいことに出合い、夢に破れ、途方に暮れることがあります。でもそこから何かを学び、大人になっていくではありませんか。

私は夢を追い求めたことを後悔している人に出会ったことがありません。人が後悔するのは、夢に挑戦することもなく諦めた場合です。

挑戦した結果、夢に破れる。いいじゃないですか。悔しいし悲しいけれど、一度破れた夢にこだわってもいいし、すっぱりと諦めて、夢を再構築してもいい。そうして夢が自分にふさわしいものになっていくのです。そして、それは若さゆえのものではなく、一生続くものです。**挫折や失敗は、自分が本当に何をしたいかを考えさせてくれる教材**なのです。

子どもには「自分はどうすべきか」を考える力があります。どんなに悲しんでも自分で乗り越えていく力があります。それを信じてあげてほしいのです。

おわりに——心が湧き立つ夢を持とう！

私は今年で63歳、年金を頂ける年です。22歳で職が得られないまま大学を卒業したとき、これから私にはどんな人生が待っているのだろうと不安に思っていましたが、その答えが出たわけです。

そして今思うこと。

現実はいいことも悪いことも、予想とは全く違っていたということです。

いつの時代も、先行き不透明な時代と言われました。でも科学技術が進み、パソコンが生活に入り込み、世界はネットワークにより国際化する。世の中の変化は、むしろ予想通りでした。全く予想と違ったのは自分の人生です。

久米宏さんにインタビューされる、ベストセラーを出版する、娘が東大に行く、ラジオ番組を持つ。妄想が実現するなんて思ったことは全くありません。しかし実現しました。

一方、実現しない妄想もたくさんあります。例えば、音楽を作り、CDを出して紅白に出演する。もちろん実現していませんが、一流のミュージシャンと交流し、CDを作ることはできました。十分過ぎるほどです。

大切なのは、妄想を持ち続けることです。しかし今はそれが難しくなっているのです。あらゆる場面で常識的な行動が求められ、何かやろうと思っても「どうせ無理」と諦めを強要されます。うまくいき出すと、今度は批判が湧いてきます。

なぜでしょうか。それは妬《ねた》みです。妬みはそもそも狭い世界の中で起きるものでしたが、通信手段の発達により、世界が平準化し、妬みがあらゆる場面で渦巻くようになったのです。

これは社会が閉鎖的になっていることを意味します。これを理解するには選挙が参考になります。選挙は、一人が当選するとなると、適任者が複数いても、一人以外は落選します。そこで当選のために批判の応酬が始まるわけです。つまり自分の正当性を主張するために、他者の批判を始めるのです。閉鎖社会の中では、誰かが頑張るから私も頑張るとはいかないのです。

こうした妬みはあらゆる場面で出てきます。いくつか対応する方法はあるでしょうが、気にしないことが一番です。そのためにも自分の気持ちいい時間を作ることです。Twitterなどなら、即刻ブロックでかまいません。なぜなら、その人たちは自分の正当性を主張するために批判しているのですから、相手にする必要がありません。

私が一つ迂闊《うかつ》だったのは、妄想は還暦までのことばかりで、還暦以降のことを考えていなかったことです。それにこの年になると、人生の残り時間も気になりますから、「ゆっくりするか」と思うこともありました。しかし、100歳まで生きた人々の本を読んで考えが変わりました。100歳まで生きた人は、自分が永遠に生きるように生きています。また62歳でケンタッキー・フライド・チキンを始めたカーネル・サンダースの例もあります。それに現代は「人生百年時代」と言われます。ならば再度妄想するしかないと決めたのです。

そこで今までの指導方法をパソコンやタブレットで展開できるようデジタル化し、

それをK－GYMと名づけて、教育のあらゆる場面で活用してもらい、それを日本のみならず世界のあらゆる分野に広めたいと決めました。相変わらずの馬鹿な妄想には自分で呆れます。

それにもう一つ気がついたのです。63歳の今、私には子育てなど背負うものがないので、子どものことも老後のことも心配しなくていいのです。

それに気づくと、一層気持ちが前向きになってきました。仕事が中途半端になっても大丈夫です。いいものなら誰かが継いでくれるでしょうし、価値がなければただのゲームオーバー、借金さえ残さないようにしておけばいいだけです。

私は、誰もが明るく楽しく妄想し、前向きに人生と子育てを楽しめばいいと思っています。そもそも人生のあらゆる困難は、後にやってくる感動や達成感のための演出です。苦しくてももがいていれば、人は必ず成長し、幸せになれます。

人を幸せに導くこの妄想には本名があります。それは「夢」です。つまり夢ってそんな格好いいものでなくていい、自分の心が湧き立つものであればいいのです。

本書を書くことは、自分がいかに多くの人に応援され、ここまで来たかを振り返ることでした。その機会を与えていただいたSBクリエイティブの美野晴代さんに感謝申し上げます。ありがとうございました。

著者略歴

陰山英男（かげやま・ひでお）

1958年兵庫県生まれ。兵庫県朝来町（現朝来市）立山口小学校在職当時、百ます計算やインターネットの活用等により学力向上の成果を上げる。2000年10月にNHKテレビ「クローズアップ現代『学校は勉強するところだ～ある公立小学校の試み～』」で取り上げられ、大きな反響を呼ぶ。公募により2003年4月から広島県尾道市立土堂小学校の校長に就任。以降、「基礎・基本の徹底」と「早寝・早起き・朝ごはん」に代表される生活習慣の改善による学力向上運動に取り組む。「百ます計算」に代表される「徹底反復シリーズ」は累計800万部超のベストセラーに。2006年4月から立命館大学教育開発推進機構教授。2017年3月退職後、教育クリエイターとして活躍中。全国各地で学力向上アドバイザーを務める。一般財団法人基礎力財団理事長。NPO法人日本教育再興連盟代表理事。徹底反復研究会代表。2021年度より、これまでの実践の総まとめとなる、オンライン学習システム“K-GYM”をリリースする。

SB新書　546

子《こ》どもの幸《しあわ》せを一番《いちばん》に考《かんが》えるのをやめなさい

2021年6月15日　初版第1刷発行

著　者　陰《かげ》山《やま》英《ひで》男《お》

発行者　小川 淳

発行所　SBクリエイティブ株式会社
〒106-0032　東京都港区六本木2-4-5
電話：03-5549-1201（営業部）

装　幀　長坂勇司（nagasaka design）

帯イラスト　ふみぽっくる／PIXTA

本文DTP　株式会社キャップス

編集協力　渡邊 茂

校　正　根山あゆみ

印刷・製本　大日本印刷株式会社

本書をお読みになったご意見・ご感想を下記URL、
または左記QRコードよりお寄せください。

https://isbn2.sbcr.jp/10302/

落丁本、乱丁本は小社営業部にてお取り替えいたします。定価はカバーに記載されております。本書の内容に関するご質問等は、小社学芸書籍編集部まで必ず書面にてご連絡いただきますようお願いいたします。

ISBN 978-4-8156-1030-2